결혼했으면 무조건 행복하라

결혼했으면
무조건 행복하라

2011년 8월 20일 초판 1쇄 인쇄
2011년 8월 25일 초판 1쇄 발행

지은이 릴로 & 제라드 리즈
옮긴이 강성희
편집주간 이화승
교정 홍미경, 이혜림, 이준표
제작 서동욱, 이경진
영업기획 김관호, 이장호
영업관리 윤국진, 최정인
디자인 이창욱
발행인 이원도
발행처 베이직북스
E-mail basicbooks@hanmail.net
주소 서울 마포구 동교동 165-8 LG 팰리스 1508호
등록번호 제313-2007-241호
전화 02) 2678-0455
팩스 02) 2678-0454
ISBN 978-89-93279-89-4 03300
값 13,800원

*잘못된 책이나 파본은 교환하여 드립니다.

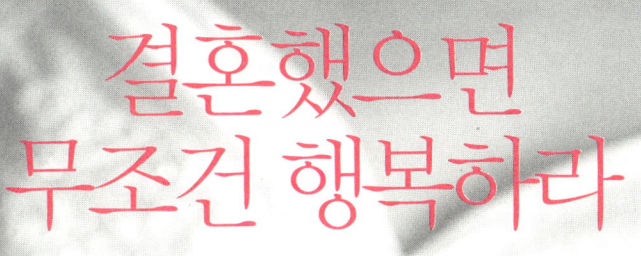

결혼했으면
무조건 행복하라

릴로 & 제라드 리즈 공저
강성희 옮김

Wonderful Marrige

베이직북스

감사의 말

우선 인내심과 유머 감각과 글 쓰는 재능을 보여준 공동 저자 수잔 셀리거에게 감사의 말을 전한다. 그녀가 없었다면 이 책은 결코 완성되지 못했을 것이다. 우리 아이들과 그들의 배우자인 마이클, 리처드, 다니엘, 그레고리, 제니퍼, 안드레아, 앤, 수니타, 마리아에게도 감사를 전한다. 그들은 행복한 결혼 생활의 필수 요소에 대해 멋진 제안을 해주었고, 우리가 해야 할 다른 중요한 일들로 엄청난 압박감을 받고 있을 때 계속 글을 쓰도록 격려해 주었다. 딸 제니퍼의 결혼에 대한 질문은 우리가 이 책을 쓰는 데 영감을 주었다.

특히 이 책을 위해 우리와 인터뷰를 하며 사생활과 결혼 생활의 내밀한 부분까지 몇 시간씩 이야기해준 모든 부부에게도 감사를 전한다. 그들의 이야기는 이 책을 더욱 소중하게 만들어 주었다. 또한 오랜 시간의 행복한 결혼 생활에서 나온 지혜를 함께 나눠준 오랜 친구들에게도 감사 인사를 전한다. 인터뷰를 해준 이들의 이름은 사생활 보호를 위해 모두 바꾸었다.

초고를 읽고 검토해준 60명이 넘는 분들에게도 깊은 감사를 전한다. 이 책이 자신들의 부부 관계와 결혼 생활에 긍정적인 변화를 일으키는 데 도움이 되었다며 열정적인 지지를 보내준 덕분에 우리는 책 쓰는 일을 계속할 수 있었다.

폭넓은 출판 경험으로 이 프로젝트를 진행해준 자넷 골드스틴, 그녀의 열정과 통찰력, 정리 능력에 감사를 보낸다. 에이전트인 마릴린 앨런, 그녀의 노고와 인내와 조언에 감사한다. 글을 읽고 충고를 해주고 원고를 정리해주며 하루 24시간 언제나 협조해준 우리의 상임 비서 조이스 리트너, 그리고 릴로의 상임 비서인 나오미 데이비스에게도 감사를 보낸다.

벤벨라 출판사의 멋진 직원들인 글렌 예페스, 제니퍼 칸초네리, 야라 아부아타, 이 책의 성공을 위해 애써준 그들의 시간과 창의성과 인내에 감사드린다.

넓은 식견으로, 그리고 편집과 관련된 제안으로 우리를 도와준 그 밖의 많은 분들에게도 모두 감사드린다. 이름을 언급할 수는 없지만(본인들은 잘 아시리라) 여러분의 기여가 수천 명의 사람들이 평생의 사랑과 행복을 찾는 데 도움이 되었다는 사실에 자랑스러워하길 바란다.

마지막으로, 우리는 이 책을 쓰면서 우리 자신의 충고에 걸맞게 살기 위해 노력했고, 그 결과 우리의 결혼이 훨씬 행복해졌으므로 우리 두 사람에게 서로 감사한다

2011년 8월
릴로와 제리 리즈

목차

Part 1 이상형의 배우자 찾기

Part 2 결혼 전에 점검해야 할 필수사항

Part 3 즐거운 인생 함께 만들어 가기

결혼은
인생의
제2의 출발이다

추천사

— 테렌스 리얼

살다가 어디선가 이들을 닮은 부부를 만난 적이 있을지도 모르겠다. 동창회나 기금 마련 모임 같은 곳에서, 어쩌면 어느 집 추수감사절 식탁에서 주인의 친척이나 친구 자격으로 참석한 그들을 만났을 수도 있다. 서로를 바라보는 시선 속에 일렁이는 설렘과 서로의 말에 귀 기울이고 도전하고 서로의 존재를 온전히 즐기는 그들의 모습은 마치 한 쌍의 잉꼬처럼 사이 좋은 두 마리 사자 같아 보였을 것이다.

자, 이때 당신은 그들을 보면서 약간의 충격과 함께 그들이 30년, 40년, 아니 그보다 많은 세월이 지나도 여전히 서로에게 완전히 빠져 있을 것임을 깨달을 것이다. 또한 평온하고 지루한 여느 다른 늙은 부부들과는 전혀 다르게 그들이 얼마나 자극적인 존재인지를 발견하게 될 것이다. 그리고 그들과 같이 있으면 설레는 이유가 서로에게 설레어 하는 그들의 모습 때문이라는 것도 저절로 알게 될 것이다.

육십, 칠십, 팔십대가 되어도 그들 사이에 존재하는 것을 표현할 수 있는 유일한 단어는 '스파크'일 것이다. 그러면 당신은? 당신은 필연적인 질문을 피할 수 없게 된다. '어떻게 그럴 수 있을까? 오랜 세월이 흐른 뒤에도 어떻게 스파크가 살아 있을 수 있나?'

당신은 어딘가에 앉아 술잔을 기울이며 그들에게 조용히, 한편으로는 가차없이 이렇게 묻고 싶은 기분에 휩싸일 것이다. "돈 문제는요? 처가는요? 아이들은요? 40여 년 동안 날 미치게 만드는 아내의 사소한 행동들은 어떻게 받아들여야 하나요?"

당신은 조사하고 캐내고 이해하고 싶을 것이다. 그들에게서 행복한 결혼 생활의 비결을 듣고 싶어 목이 마를 것이다.

아직 그런 사람들을 만난 적이 없다면, 온갖 풍파를 겪고 살아남은 그런 열정적인 부부를 만나보고 싶지 않은가? 그리고 그들에게 수십 가지 질문을 하고 싶지 않은가?

바로 지금 그런 사람들과 만났다고 생각해보자. 부부는 당신에게 붙잡혀 몇 시간을 할애하고, 당신은 마음껏 질문을 퍼부으며 깊은 영역까지 이야기를 몰고 간다. 그리고 실망하지 않는다. 그들의 대답은 당신의 예상과 달리 달콤하지도 상투적이지도 않기 때문이다.

그렇게 단순하고 지혜로우며 전혀 예상치 못한 말을 하는 기품 있는 할머니, 할아버지, 아니 증조부모 같은 부부와 앉아 있다 보면 문득 이런 생각이 들 것이다. '이 사람들은 도대체 누구지?' 바로 그 순간 — 상상 속 장면에서 — 누군가가 다가온다. 그 부부를 아주 잘 아는 사람이다. 그 사람은 호기심과 혼란이 교차하는 당신의 표정을 알아차리고 안타까운 마음에 한 마디 끼어든다. "평범한 노인 분들은 아니죠?" 그러면 당신은 더듬거리며 대답할 것이다. "그러네요."

그리고 그 말과 함께 한 가지 생각이 떠오를지도 모르겠다. '이 부부는 특별한 사람들인가? 그런 것 같아. 아니, 그래야만 해. 우리가 몇 시간 동안 한 이야기는 평범한 결혼에 대한 게 아니었으니까. 우리가 한 얘기는 그보다 훨씬 대단한 무언가에 관한 거였어.' 만약 그때 당신의 말에 끼어든 사람이 나였다면, 그리고 당신이 내게 그 마음속 생각을 말했다면 나는 진심으로 그 말에 동의했을 것이다. "물론이죠. 당신들이 나눈 이야기는 우리가 흔히 생각하듯이 결혼에 국한되는 평범한 것이 아니었어요. 그건 평생의 로맨스에 관한 이야기였습니다."

나에게 이런 상상을 불러일으킨 부부는 물론 릴로와 제리 리즈 부부이다. 제정신을 가진 사람이라면 결코 평범하다고 부르지 못할 부부이다. 그들은 함께 하이테크 회사를 세웠고 5억 달러 규모의 기업으로 키웠다. 그들은 많은 존경을 받는 유명한 자선 사업가이며, 두 사람이 합쳐서 모두 7개의 박사 학위를 받았다. 그리고 그 와중에 슬하에 자녀 다섯 명과 손자손녀 열세 명을 두어 그들을 사랑하고, 또 그들의 사랑을 받았다.

평범하다고 할 수 없다. 하지만 그들의 책을 읽으면서 계속 떠오르는 말은 '현실적'이라는 것이다. 크게 성공했는데도 리즈 부부는 겸손하다. 언제나 스스로 자신을 비웃을 준비가 되어 있다. 여러 모임과 파티에 참석하는 그들은 늘 사람들에게 둘러싸여 자신들이 어떻게 이처럼 오랫동안 행복하게 사는지에 대한 질문들에 답해 주다가 어느 날 농담처럼 책을 써서 많은 사람에게 나눠줘야겠다고 말한 것이 이 책을 쓰게 된 계기가 되었다고 했다.

시간이 지나면서 많은 논의를 거듭한 끝에 그 생각은 진지하게 바뀌었다. 리즈 부부는 언제나처럼 체계적인 준비를 시작했다. 그들은 관계, 특히 유별나게 행복한 관계에 대해 연구하고 분석한 책들을 조사하고, 일련의 심층적인 인터뷰를 진행했다. 그리고 자신들의 관계를 통해 얻은 식견에 전문가의 데이터와 의견을 더해 힘을 실었고, 인터뷰 대상이었던 실제 부부들의 육성을 더했다.

원고가 끝나갈 무렵 그들은 나에게 합류를 제안했다. 부부 관계 치료사로서의 식견을 더해주지 않겠느냐는 것이었다. 그들의 요청에 나는 영화와 함께 감독, 배우들의 생각과 의견을 들을 수 있는 DVD가 생각났다.

우리 두 아들이 어렸을 때 좋아하던 놀이 중에 '카우보이와 인디언' 놀이가 있었다. 우리는 서로에게 가상의 인디언 이름을 붙여주며 놀았다. 작은 아들인 알렉산더는 '어린 쥐', 큰 아들은 '달리는 사슴', 아내 벨린다는 '늑대 엄마'였다. 가족들이 내게 어울린다고 붙여준 이름은 '달리는 해설자'였다. 이 이야기를 하는 이유는 리즈 부부의 요청이 나에게 딱 맞는 일이라는 것을 말하기 위해서이다.

여기서 나에 관한 이야기를 조금 더 부언하려고 한다.

리즈 부부가 나에게 연락한 것은 내가 관계 문제 전문가이기 때문이었다. 1997년에 나의 책 《남자가 정말 하고 싶은 말》이 출판되었다. 이것은 최초로 남자의 우울증을 다룬 책이었다. 50년 전에 알코올 중독이 남자만의 문제로 여겨지던 것처럼 당시 우울증은 여자들의 질병으로 인식되고 있었다. 나는 수백만 명의 남자와 그들의 가족에게 영향을 미치는 상태를 밖으로 끄집어내는 데 한몫했다는 것이 자랑스럽다.

그 책은 큰 반향을 불러 일으켰고 여기저기서 전화가 오기 시작했다. 대부분이 여자들의 전화였지만 가끔 남자들의 전화도 있었다. 그들은 치료를 여러 차례 받아봤지만 소용이 없었다고 했다. 그들은 어쩔 줄 몰라 했고, 곧 이혼을 한다고 해도 이상하지 않은 상황이었다.

그들이 사는 지역에서 내가 책에서 말한 일을 하는 사람을 추천할 수 있었을까? 지금이라면 내가 가르친 누군가를 그들에게 소개할 수 있을지도 모르겠지만, 그때는 그렇지 않았다. 처음에 나는 생각나는 사람들의 이름을 언급하는 데 그치다가 나중에는 내가 있는 보스턴으로 와서 함께 문제를 해결할 수 있는지 알아보자고 제안하기에 이르렀다. 그 만남은 이틀간의 집중 프로그램으로 발전했고, 우리는 그 프로그램 마지막에 결혼 생활이 정상으로 변화했는지, 아니면 이혼을 피할 수 없는지 함께 결정하기로 했다.

이 집중 프로그램에서 나는 기존의 결혼 상담과는 전혀 다른 테크닉을 사용했고, 결과는 놀라웠다. 85~90%에 이르는 결혼이 제자리를 찾았고, 끝까지 권고 사항을 지킨 부부 대부분이 그 후로도 오랫동안 행복하게 살았다. 이것을 알아본 언론에서 내 기사를 내기 시작했다.

나는 전국의 전문가들에게 '관계 강화 치료'라고 이름 붙인 이 새로운 접근법을 가르치기 시작했다. 그리고 전문가 훈련과 함께 관계 문제 연구소도 설립했다. 각계각층의 많은 사람들에게 다가가 어떻게 하면 결혼 생활과 직장 생활을 잘할 수 있는지, 아이를 잘 키울 수 있는지, 그리고 어떻게 하면 주위 사람들과 만족스러운 유대감을 형성할 수 있는지를 가르치기 위해서였다. 그 시기에 나는 결혼에 관한 책을 두 권 펴냈고, 최근에는 《결혼의 새로운 규칙》을 펴냈다. 이 책과 함께 읽으면 아주 좋을 것이라고 생각한다.

리즈 부부가 내게 다가온 배경 이야기를 했으니 이제 내가 그들을 선택한 이유에 대해 이야기하겠다. 성공한 관계 문제 전문가인 덕분에 내 책상에는 온갖 종류의 프로젝트와 제안서들이 쌓인다. 관심이 가는 훌륭한 제안도 많고 아주 흥미진진한 것도 있다. 물론 그 모든 일이 잘되기를 바라지만 솔직히 내가 선뜻 참여하겠다고 승낙하는 경우는 드물다. 내게도 할 일이 있기 때문이다.

《결혼했으면 무조건 행복하라》의 원고를 보겠다고 약속했을 때도 — 뛰어난 책이라는 이야기는 들었지만 — 나는 이 책이 그저 주목할 만한 생각들이 여기 저기 양념처럼 들어 있는 사랑스러운 노부부의 회고담 정도일 것이라고 생각했다. 하지만 내용을 보면서 어느덧 자세를 바로 잡고 집중해서 읽기 시작했다.

우선, 리즈 부부의 책은 기본이 탄탄했다. 그들이 결혼에 관한 책들과 연구에서 추려낸 내용은 핵심을 정확하게 짚었고, 책에 실린 부부들의 목소리는 효과와 감동을 더했다. 하지만 이 정도의 책들은 시중에도 많다.

내 관심을 사로잡은 것은 그들의 이야기 방식이 아니라 그들이 말하려는 내용이었다. 《결혼했으면 무조건 행복하라》는 진부한 책이 아니지만 그렇다고 리즈 부부가 별난 사람들은 아니다. 그들은 현실적인 사업가일 뿐이다. 그들이 책에서 거듭 주장하는 것은 예의였고, 그 구체적인 방법에 대해 이야기하고 있다. 50년 넘게 함께 산 부부가 '서로에게 친절하라' 라고 말한다면 나는 금세 흥미를 잃고 더 이상 이야기를 듣지 않을 것이다. 그들이 말하는 '친절' 은 오히려 '거부' 의 다른 표현일 뿐이라고 생각하기 때문이다.

하지만 이 책이 단지 유쾌한 결혼을 위한 충고가 아니라는 것이 금방 드러난다. 저자들은 결혼에 깃든 눈물과 땀과 분노에 대해 알고 있다. 또 관계가 얼마나 엉망진창으로 치달을 수 있는지, 얼마나 아프고 얼마나 화가 날 수 있는지 알고 있다. 그러면서도 절대 핵심을 놓치지 않는다.

그들은 가끔 아무리 쓰라리고 힘겨워도 절대로 자신이 누구에게 이야기하고 있는지, 왜 이야기하는지를 잊지 말라고 말한다. 당신이 이야기하는 상대는 당신이 사랑하는 사람이라는 것을 기억하라고 말한다. 그리고 함께 나누고, 소중히 하고, 또 상황을 개선하기 위해 이야기하고 있다는 것을. 그 밖의 다른 모든 것은 시간 낭비이다. '관계 강화 훈련' 에서 우리는 이것을 '사랑 기억하기' 라고 부른다.

마찬가지로 《결혼했으면 무조건 행복하라》에 처음부터 끝까지 내재되어 있는 주제는 내가 '존경 가득한 생활' 이라고 부르는 원칙이다. 그것은 어떤 이유로든 상대에게 무례한 행동을 하지 않겠다는 약속이다. 살다보면 상대가 늘 마음에 들지만은 않고, 서로에게 전과 같은 사랑을 느끼지 않는 순간도 있다. 그것은 모두 정상적인 결혼 생활의 일부이다.

하지만 상대가 아무리 도발적인 행동을 하고 그 때문에 아프고 화가 나더라도 충동적으로 무례한 행동을 해서는 안 된다. 마찬가지로 당신 역시 그런 대접을 받고 가만히 있어서는 안 된다. 다른 사람을 통제할 수는 없지만 그렇다고 가만히 앉아서 당해서도 안 된다.

자기 존중 이야기를 하는 김에 나 역시 통렬하게 공감하는 리즈 부부의 메시지를 다시 한 번 강조하고자 한다. 타협하지 말라는 것이다.

뭔가에 대해 타협하고 싶다면 당신이 운전하는 차나 입는 옷, 또는 반드시 그래야만 한다면 친구에 대해 타협하라. 하지만 인생에서 매우 중요한 관계의 하나인 결혼 상대자에 대해 도대체 왜 타협을 해야 한단 말인가? 함께 아이를 키우고, 함께 인생의 모든 즐거움과 고통을 겪고, 함께 늙어갈 사람을 고르는 일에 타협이란 가당치 않은 말이다. 리즈 부부는 이렇게 말한다.

"많은 전문가가 사람들에게 현실적이 되라고 충고한다. 하지만 우리는 현실과 타협하지 말라고 말한다. 기존의 상식은 '원하는 것을 모두 손에 넣을 수는 없다'고 말한다. 맞는 말이다! 하지만 행복한 결혼 생활은 가능하다."

전적으로 동의한다. 완벽한 관계가 가능한가? 당연히 불가능하다. 결혼 생활은 완벽하지 못한 두 사람이 함께 이루어나가는 것이다. 사실 우리를 특징짓고 지금의 우리로 만드는 것은 때로는 사람의 마음을 끌고 때로는 화를 돋우는 독특한 인간성의 기벽들이다. 그것은 정확히 당신의 결함과 내 결함의 충돌이다. 모든 것을 가질 수는 없다는 말은 우리가 꿈꾸던 것 이상을 가질 수 없다는 말과 다르다. 문제는 방법이다.

리즈 부부는 대부분의 사람들이 행복한 결혼 생활이라는 꿈을 원하지만 정작 그것이 어떤 모습인지조차 모르고 있다고 말한다. 대학에 행복한 결혼 생활을 하는 법에 관한 과목이 있는가? 어렸을 때 읽기, 산수와 함께 행복한 결혼 생활을 하는 법에 대해 배운 적이 있는가? 리즈 부부는 우리가 아이들에게 관계를 꾸려나가는 법보다 운전하는 법에 대해 더 많이 가르치고 있다는 소설가 앤 타일러의 글을 인용했다.

"나는 전국을 돌아다니며 청중에게 유치원부터 초 · 중 · 고등학교, 대학에서까지 기본적인 관계의 기술을 가르치는 모습을 보는 날이 왔으면 좋겠다고 말한 바 있다. 적어도 운전면허를 딸 때만큼 결혼 면허증을 따기 위한 교육이 있으면 좋겠다. 결혼에 좀 더 잘 대비할 수 있는 준비는 하나도 시키지 않으면서 어떻게 감히 급격하게 증가하는 이혼율에 탄식할 수 있단 말인가?"

리즈 부부의 목적은 분명하다. 이혼을 피할 수 있도록 돕는 것도 중요하지만 그들의 목적은 그보다 더 큰 데 있다. 그들은 '괜찮은' 결혼 생활에 만족하지 않는다. 그리고 다른 사람들도 마찬가지로 그저 그런 괜찮은 결혼 생활에 만족해서는 안 된다고 생각한다. 자신과 상대에 대한 기준을 높이 세우고 있다면 행복한 결혼 생활이 얼마든지 가능하다고 그들은 이야기한다. 나는 《결혼의 새로운 규칙》에서 이렇게 적었다.

"행복한 결혼 생활이란 갖는 것이 아니다. 만들어 나가는 것이다. 벽돌을 쌓듯이 켜켜이 솜씨 있게. 장기적인 관계에서 우리가 바라는 기대치는 높아졌다. 우리에게는 새로운 멋진 비전이 생겼다. 하지만 지금까지 우리에게는 꿈을 일상생활로 옮기는 수단이 부족했다."

모든 연령층의 아이들이 그런 기술을 배우기 전까지 우리는 연구자들과 임상학자들의 식견과 어렵게 터득한 지혜에 의지해야 한다. 하지만 지식은 최전방의 오랜 경험을 통해서도 얻을 수 있다. 나는 이 원고를 접했을 때 누군가의 집에 처박혀 있는 숨겨진 보석이나 대대로 전해 내려온 귀퉁이 접힌 오래된 지침서를 발견한 기분이었다.

이 책을 읽노라면 당신이 지금 서 있는 자리에서 수십 년 동안 미끼를 던져 고기를 낚던 사람에게 낚시를 배우는 것 같은 배움을 얻게 될 것이다.

《결혼했으면 무조건 행복하라》는 지적 소양이 풍부한 책이기도 하지만 결국은 노년의 부부가 행복한 결혼 생활을 이뤄나가는 법에 대해 자신들이 배운 것을 담아놓은 책이다. 이보다 더 정확한 것이 어디 있겠는가?

행복한 결혼을 위한
기본 요소 10

♡

행복한 결혼은 사랑하는 사람과 결혼하면서 시작되며, 결혼한 사람을 사랑할 때 만개한다.
–톰 뮬런, 《아주 행복한 결혼》

이 책은 그저 배우자감을 찾거나 아이들의 양육이나 교육을 위해 사는 방법을 알려주는 책이 아니다. 이 책의 목적은 당신과 배우자가 함께 멋진 생활을 해나가도록 돕는 데 있다.

우리는 이 책을 통해 결혼 상대자에 대한 기준을 높이고, 스스로 멋진 사람이 되는 방법을 알려주려 한다. 서로 상대방이 원하고 필요한 것을 주고, 문제와 문제 해결 과정을 공유하며, 일과 놀이, 웃음과 눈물을 함께 나누는 멋진 삶을 만들어나가는 법을 알려주려는 것이다.

하지만 이런 관계는 운으로만 이루어지지 않는다. 초혼이든 재혼이든 혹은 세 번째 결혼이든 간에 결혼을 하려면 우선 기본적인 것들을 올바로 갖춰야 한다. 인격 수양에 힘을 쓰고, 자신에게 맞는 배우자를 찾기 위해 노력해야 한다. 서로 사랑하고 존경해야 하며, 관심 분야와 가치와 열정을 함께 나누며, 각자의 방식으로 성장하고 발전할 수 있는 여유를 허락해야 한다.

서로에게 헌신하거나 충실하고자 노력하는 것으로는 충분하지 않다. 진정한 헌신은 상대 배우자에게 가장 좋은 것을 해주고, 멋진 생활을 위한 공동의 책임을 지는 것이다.

> 좋은 사람이 되려면 좋은 인생 파트너를 찾아 남은 평생에 걸쳐 매일 관계를 쌓아나가야 한다. 그러면 함께 멋진 인생을 만끽할 수 있을 것이다. 죽음이 두 사람을 갈라놓을 때까지.

쉬운 일은 아니다. 전체 부부 가운데 7%만이 행복한 결혼 생활을 한다는 조사 결과도 있으니 말이다. 이 책은 차선에 머무르지 않고 그 상위 7%에 들어가도록 도와주는 지침서이다.

하지만 끊임없는 노력 없이 목표를 달성할 수 있다고 생각하는 사람들에게는 이 책이 도움이 되지 않을 것이다. 이 책은 우리 부부처럼 결혼이 평생 지속되는 연애라고 믿는 사람들을 위한 것이다. 좋은 사람이 되려면 좋은 인생 파트너를 찾아 남은 평생에 걸쳐 매일 관계를 쌓아나가야 한다. 그러면 함께 멋진 인생을 만끽할 수 있을 것이다. 죽음이 두 사람을 갈라놓을 때까지.

멋진 결혼은 평생의 연애

우리 부부는 50년 넘게 멋진 결혼 생활을 이어왔다. 사랑과 열정, 멋진 자식과 손자손녀, 가족, 친구를 공유함으로써 우리의 인생은 풍요로워졌고 목적의식과 따뜻함 그리고 즐거움을 맛볼 수 있었다. 우리는 함께 내리막길을 굴렀고, 함께 산을 올랐다. 함께 세상에 나아가 일을 했고, 함께 학교로 돌아갔으며, 우리의 결혼 생활에서 기본으로 삼았던 가치를 바탕으로 사업을 일으켰다. 밤이면 대개 집에서 서로 달라붙어 조용히 책을 읽고 정치와 철학을 논했다.

이제 우리는 우리의 에너지를 젊은이들의 삶의 질을 향상시키는 데 쏟는 동시에 앞으로 우리에게 다가오는 도전과 이따금 일어나는 의견 충돌을 해결하며 남은 긴 시간을 살아갈 것이다. 세상 어느 것과도 우리의 결혼을 맞바꾸지 않을 것이다.

우리가 아는 대부분의 젊은 부부는 우리의 행복한 결혼 생활을 지켜보고 이렇게 물었다. "어떻게 그럴 수 있죠? 어쩌면 그렇게 오랜 세월 동안 그토록 가까울 수 있나요? 어쩌면 그렇게 계속해서 화목하고 사랑할 수 있나요?" 그중 한 젊은 부부는 우리의 결혼기념일을 자신들의 결혼 날짜로 잡기까지 했다. 행운을 가져다줄 것이라는 기대감 때문이었다.

대부분의 미국인은 '결혼해서 평생 행복하게 사는 것'이 인생의 중요한 목표라고 말한다. 그것은 '영원히 행복하게 살았더라'는 동화 속 왕자와 공주의 이야기와 '죽음이 우리를 갈라놓을 때까지' 함께하겠다는 결혼 서약을 통해 우리가 가꿔온 꿈이다.

사람들은 그 꿈을 원한다. 하지만 대부분 사람은 그 꿈을 어떻게 성취하는지 알지 못한다. 어떻게 해야 좋은 결혼 생활을 해나갈 수 있는지, 매일 헤쳐 나가는 결혼 생활이 어떤 것이며 어떤 느낌인지 알지 못한다.

몇 해 전에 제리가 미국 최고의 고등학교에서 행복한 결혼에 관해 강의한 적이 있다. 열여섯, 열일곱 살 또래의 학생들에게 제리는 이십대나 삼십대가 되면 어떤 차를 몰고 싶으냐고 물었다. 손들이 일제히 올라갔다. 이 어린 아이들은 남학생 여학생 가릴 것 없이 어떤 차가 '멋진 차'인지 정확히 알고 있었다. 아이들은 자동차 메이커와 모델명, 현재 그 차의 가격, 그 차가 어떤 이미지를 풍기며, 왜 그 차를 운전하고 싶은지 속속들이 알고 있었다. 차에 대해 아주 많이 생각하고 공부한 것이었다.

하지만 앞으로 10년이나 15년 후에 어떤 배우자를 만나고 싶은지를 묻자 아이들은 전부 멍한 얼굴이 되었다. 아이들은 '멋진 결혼 생활'을 하기 위해서는 무엇이 필요한지 전혀 알지 못했다. 부모님이 결혼 생활에 필요한 것이 무엇인지 한 번도 얘기해준 적이 없다는 아이들도 있었고, TV나 영화에서 본 결혼이 현실적이지도 매력적이지도 않았다고 말한 아이들도 있었다. 결혼을 하고 싶은지 잘 모르겠다는 아이들까지 있었다. 가치 있는 결혼을 본 적도 없고, 아는 사람들 중에 많은 이들이 이혼을 했기 때문이었다.

이 아이들의 반응은 우리가 이 주제로 이야기를 해본 다른 사람들과 다르지 않다. 독신이든 기혼이든 혹은 미래를 약속한 사람이 있든 없든 간에 정말 좋은 관계나 좋은 결혼이 무엇인지 막연하기만 할 수 있다. 미국인의 거의 절반이 그렇듯 이혼을 경험하며 자랐을 수도 있고, 그 때문에 자신도 언젠가 이혼을 하게 될 거라는 두려움을 느낄 수도 있다. 혹은 본받고 싶은 모범적인 결혼 생활을 주변에서 거의 보지 못했을 수도 있다. 반면에 부모님의 결혼 생활이 좋았다면 자신의 결혼 생활도 당연히 좋을 거라고 생각하게 될 수도 있다.

많은 사람이 행복한 결혼 생활이 무엇인지 모른다고 해서 놀랄 일은 아니다. 학교에서는 읽기, 쓰기, 산수는 가르쳐줘도 행복한 결혼 생활을 하는 법에 대해서는 가르쳐주지 않는다. 대부분의 사람들에게 올바른 배우자를 만나 함께 멋진 인생을 만들어가는 것이 행복하게 살아가는 데 가장 중요하고 의미 있는 일이라고 해도 말이다. 소설가 앤 타일러는 《종이 시계》에서 이러한 면을 잘 포착해 보여준다.

"안 중요한 건 다 배우잖아. 피아노, 타자…… 살면서 한 번 쓸까 말까 한 평형방정식까지. 하지만 부모가 되는 법은 어때? 또 결혼은? 운전을 하려면 국가에서 승인하는 교육을 받아야 해. 하지만 운전은 아무것도 아니야. 매일 같이 남편과 사는 일과 비교하면 말이야."

올바른 결혼 상대를 선택하는 것은 다른 어떤 선택보다 평생의 행복에 매우 커다란 영향을 미친다. 어느 대학을 다니고, 어떤 직업을 가지고, 얼마나 돈을 많이 버느냐보다 훨씬 중요한 문제이다.

크게 성공한 어느 기술 회사 사장이 우리에게 이런 말을 한 적이 있다. "전 결혼 외에는 모든 것에서 성공을 거뒀습니다." 하지만 그 모든 성공에서 오는 행복은 원만한 결혼 생활이 주는 행복에 미치지 못했다. 우리가 이 책을 쓴 이유가 바로 그것 때문이다.

평범한 사람들, 특별한 결혼: 꿈을 실현하는 법

우리는 행복한 결혼 생활을 하는 법에 대해 나름대로 터득한 것들을 공유하고자 한다. 우리는 많은 스트레스를 받고 시시각각 변화하는 21세기 세상에서도 행복한 결혼 생활이 가능하다고 굳게 믿는다. 수많은 전문가와 부모, '도움을 주려는' 친구, 토크쇼 진행자들은 사람들에게 '현실적'이 되라고 충고한다. 하지만 우리는 '현실과 타협하지 말라'고 말한다. 기존의 상식은 '원하는 것을 모두 손에 넣을 수는 없다'고 말한다. 맞는 말이다! 하지만 자기 자신을 준비하고 자신에게 맞는 사람을 찾으려는 의지가 있다면 행복한 결혼 생활은 가능하다. 우리는 당신에게 그런 사람을 만날 수 있는 힘을 주고 싶다. 당신이 이미 진지한 관계를 이어가고 있거나 결혼한 상태라면, 두 사람이 함께 멋진 인생을 가꿀 수 있는 잠재력을 발견하도록 도와주고 그 목표에 이르는 길을 알려주고 싶다.

> 많은 전문가와 부모, '도움을 주려는' 친구, 토크쇼 진행자들은 사람들에게 '현실적'이 되라고 충고한다. 하지만 우리는 '현실과 타협하지 말라'고 말한다. 기존의 상식은 '원하는 것을 모두 손에 넣을 수는 없다'라고 말한다. 맞는 말이다! 하지만 행복한 결혼 생활은 가능하다.

우리는 먼저 우리의 결혼을 성공적으로 이끌었다고 생각되는 요소들을 분석하는 것부터 시작했다. 그러고 나서 결혼해서 행복하게 살고 있는 많은 친구들과 이야기를 나누고, 전국적으로 행복한 결혼 생활을 하는 부부 수십 쌍을 추적했다. 이들은 짧게는 6년에서 길게는 60년 동안 함께 살아오며 자신들의 결혼 생활을 '행복'하다고 평가한 사람들이었다. 우리는 그들의 성공 비밀을 알아내기 위해 광범위한 인터뷰를 진행했다.

그들의 결혼 생활은 특별했지만 그들은 특별한 사람들이 아니었다. 그들은 자신들의 결혼 생활에 대해 이야기하고 가장 좋았던 순간들을 들려주기를 좋아했다. 하지만 그들에게도 문제, 위기, 갈등에 대한 면역력은 없었다. 아이를 잃은 부부, 전쟁에 참가했다가 귀머거리가 된 남편, 다발성 경화증에 걸린 아내, 직장을 잃은 부부들⋯⋯. 그들 역시 대부분이 반복적으로 싸우고 수없이 말다툼을 했다.

행복한 결혼 생활을 지속할 수 있었던 것은 두 사람이 모두 사랑과 존경을 우선했기 때문이다. 서로 의견이 맞지 않는 부분을 솔직하게 터놓고 이야기했고, 함께 일하고 함께 결정을 내리고 함께 즐거운 시간을 보냈으며, 변화하고 성장하려는 의지가 있었다. 행복한 결혼 생활은 두 사람이 함께 힘든 시간을 겪으며 살아온 결과 더욱 공고해졌다. 그리고 그들은 고통 너머에 함께할 수 있는 기쁨이 있다는 것을 깨닫도록 서로 도울 수 있다는 데서 큰 위안을 찾았다.

우리가 알게 된 진실 세 가지를 소개한다.

① 자신과 상대에 대한 기준을 높이면 행복한 결혼 생활을 할 수 있다.

② 행복한 결혼 생활을 하기 위해서는 시작이 중요하다. 스스로 좋은 배우자가 되고자 노력하고, 자신과 맞는 상대와 결혼해야 하며, 행복한 결혼 생활을 위한 필수 요소들을 배워야 한다.

③ 사랑만으로는 부족하다. 운만으로도 부족하다. 두 사람 모두 행복할 수 있도록 살아가는 내내 결혼 생활에 충실해야 한다. 자신에게 물어보라. 배우자의 아침을 조금 더 상쾌하게 만들어주기 위해, 저녁을 조금 더 즐겁게 만들어주기 위해 나는 오늘 무엇을 했는가?

행복한 결혼 생활이 무엇이고, 이를 이루는 방법이 무엇인지를 배울 수 있다면 행복한 결혼 생활을 누릴 가능성이 더 커진다. 《딸에게 보내는 편지》의 저자인 마야 안젤루(Maya Angelou)는 이런 글을 쓴 적이 있다.

"당신은 아는 만큼 최선을 다했다. 그리고 이제는 더 많이 알게 되었으니 더 잘 할 것이다."

우리는 당신의 결혼이 이혼으로 귀결되는 것을 막는 것 이상의 일을 하고 싶다. 당신의 결혼이 처음부터 행복하도록, 그리고 계속 그렇게 유지되도록 돕고 싶다. 우리는 당신의 결혼이 행복하기를 원한다. 그리하여 당신 스스로 이렇게 말하기를 바란다. "정말 행복하다. 평생 이렇게 살아야지."

결혼으로 얻는 실질적인 이득

결혼에는 우리가 이야기한 정서적 장점 외에 실질적인 이득도 아주 많다. 다음에 열거한 사항은 린다 웨이트(Linda J. Waite)와 매기 갤러거(Maggie Gallagher)가 쓴 《결혼 사례 분석: 결혼한 부부들이 더 행복하고, 건강하고, 부자인 이유》에서 연구되고 다루어진 내용이다.

- 원만한 결혼 생활을 하는 사람들은 결혼하지 않은 사람들보다 더 만족스러운 섹스를 더 자주, 더 오랜 기간 한다.

  기혼 남녀는 섹스를 더 자주 할 뿐만 아니라 결혼하지 않은 사람들보다 육체적, 정서적으로 더 큰 즐거움을 얻는다고 보고되었다.
- 결혼한 사람들은 결혼하지 않은 사람들보다 건강하게 오래 산다.

  기혼 남녀는 독신이나 이혼 남녀들보다 훨씬 건강하게 오래 산다. 병에 덜 걸리고, 걸리는 질병의 수도 적으며, 병을 더 잘 이겨낸다. 결혼하지 않으면 수명이 10년은 줄어들 수도 있다. 여자의 경우 결혼을 하지 않으면 결혼해서 암에 걸리는 것보다 수명이 몇 년은 더 줄어든다.
- 결혼한 부부의 아이들은 결혼하지 않은 부모의 아이들보다 더 건강하고 부유하며 행복하다.

  2003년에 미국의 결혼 프로젝트 연구팀이 발표한 〈연차 보고: 결혼이 사회 건강에 미치는 영향〉에 따르면 결혼하지 않은 부모와 사는

결혼의 장점

독신으로 지내거나 동거를 하는 것이 훨씬 간단해 보이는데 결혼이 정말 할만한 가치가 있는지 망설이는 것은 놀랄 일이 아니다. 오늘날에는 남녀 모두에게 결혼의 대안이 있다. 불과 수십 년 전과는 또 달라서 여자들은 늦게까지 결혼하지 않아도 노처녀라는 꼬리표가 붙지 않는다. 경제적 안정을 위해 결혼에 의존할 필요도 없다. 남자들은 어떤가? 그들은 이제 위신을 세우기 위해 결혼하지 않아도 되고, 결혼 증명서가 없어도 사회적 오명을 쓰지 않고 섹스를 즐길 수 있다. 결혼을 했다가 헤어지고 싶으면 과거의 어느 때보다 쉽게 이혼할 수도 있다. 그러니 무엇 하러 굳이 결혼을 하겠는가?

• 매일 아침 사랑하는 사람의 곁에서 깨어나는 것보다 더 마음이 끌리는 일을 생각할 수 있는가?
• 열정과 섹스를 함께 나누고, 그게 아니라 해도 외로움을 막아주고, 혼자 있고 싶을 때를 알아주는 누군가와 함께 사는 것보다 더 만족스러운 것이 있을까?
• 평생 당신을 사랑하고 존경하고 지지하며, 용기와 안정감을 주고, 당신이 믿는 가치를 공유하고, 더 나은 결정을 내릴 수 있도록 도와주고, 혼자일 때보다 더 많은 것을 이룰 수 있게 해주는 사람이 곁에 있는 것보다 더 좋은 것을 상상할 수 있는가?

아이들은 평균적으로 결혼한 부모와 함께 사는 아이들보다 육체적, 정신저 건강 수쥬과 교육 수준이 떨어지며, 나중에 성공할 확률도 낮다.

• 결혼은 재정 안정성을 높여준다.

결혼하면 생활수준이 3분의 1가량 향상되며, 시간에 비례해 경제적 이익이 증가한다. 결혼한 남자는 그렇지 않은 남자보다 많이 버는데, 이는 부양해야 할 가족이 있다는 동기부여가 강하게 작용하기 때문이기도 하지만 더 안정적인 생활을 함으로써 일을 더 잘할 수 있게 되기 때문이다. 결혼하지 않은 부부는 돈을 따로 관리하므로 동일한 기간을 같이 산다고 해도 결혼한 부부만큼 재산이 늘어나지 않는다.

세월의 힘으로 증명된
행복한 결혼을 위한 기본요소10

지금 당신의 인생과 사랑은 어느 단계에 와 있는가? '목적 있는 데이트' — 이것은 결혼을 전제로 하는 진지한 데이트를 말하는 것이다 — 를 하는 단계인가? 최근에 연인과 헤어지거나 이혼을 해서 다시 데이트를 시작하려는 단계인가? 진지한 관계를 이어가고 있지만 결혼할 준비가 되어 있는지는 아직 불확실한 상태인가? 아니면 결혼을 이미 했으며 어떻게 하면 부부 관계를 더 개선할 수 있을지 고민하고 있는가?

현재의 단계가 어디쯤이든 이 책은 당신이 평생 지속되며 신나고 만족스러운 관계라는 인생의 가장 중요한 목표를 이루는 데 도움이 될 수 있다. 우리는 세월의 힘으로 증명된 행복한 결혼 생활의 공통 요소 열 가지를 발견했다.

1. 자기 자신을 준비하라

다른 사람들이 당신을 정직하고 자상한 사람이라고 믿을 수 있을 때 평생 사랑하고 믿을 수 있는 배우자를 얻을 가능성이 더 커진다. 다른 사람들을 보며 좋다고 생각하는 성격 특성을 자신의 것으로 만들고 나면 당신은 자기 자신에 대해 긍정적으로 변하고 다른 사람들의 장점을 보게 될 것이다. 다른 사람들 역시 당신의 장점을 보고 존경하게 될 것이다.

2. 목적 있는 데이트를 하라

목적 있는 데이트란 재미를 위해, 새로운 사람들을 많이 만나기 위해 혹은 혼자 있는 것을 피하기 위해 하는 데이트와는 다르다. 결혼을 목적으로 하는 데이트는 자신이 배우자에게 어떤 자질을 원하는지 명확히 파악하고 나서 그런 자질을 갖춘 사람을 찾는 것이다. 함께 있는 상대가 자신과 맞는 사람이라는 것을 알게 되면 편안하고 안정된 기분이 들 것이다.

3. 사랑과 존경을 우선하라

사랑과 존경은 어떤 거창한 행동이 아니라 매일 진행되는 사소한 교류를 통해 쌓인다. 다정한 말투를 쓰고, 매일 서로 칭찬하고(비판이 아니라), 데이드에 늦지 말고(늦을 때는 전화를 하라), 같은 농담을 세 번씩 반복한다고 해도 말없이 들어주는 것이다. 자신에게 다음과 같은 간단한 질문을 던져보자. '어떻게 하면 상대방의 생활을 조금 더 즐겁게 만들어줄 수 있을까?' 자신의 필요를 희생하지 않으면서 배우자의 필요를 우선시하고, 서로 상대방에게서 최선의 모습을 이끌어낼 수 있다면 당신은 혼자일 때보다 함께일 때 훨씬 많은 것을 성취할 수 있을 것이다.

4. 핵심 사항 여섯 가지에 합의하라

행복해지기 위해 두 사람이 마치 복제 인간처럼 똑같아져야 할 필요는 없다. 하지만 핵심 사항 여섯 가지에 대해서는 결혼을 결정하기 전에 반드시 합의해야 한다. 자녀, 돈, 종교, 여가 시간 활용, 섹스, 용인 가능한 행동에 관한 것이다. 많은 커플이 서로 간의 차이점이나 해결책 없는 잦은 싸움, 서로에 대한 육체적 욕망의 부족은 제쳐둔 채 섣불리 가정을 이룰지 말지를 고민한다. 하지만 행복한 커플들은 이런 핵심 문제들이 시간과 의무감으로 해결되지 않는다는 것을 알고 있다. 이런 중요한 문제들은 두 사람이 터놓고 이야기를 해야 하며, 관계를 발전시켜 나가기 전에 먼저 합의를 이루어야 한다.

5. 결혼에 대해 결정하라

행복한 커플은 데이트, 동거, 약혼, 결혼까지 관계의 각 단계에서 책임을 다한다. 열린 마음으로 서로에 대한 믿음과 존경을 쌓아나가고, 때가 되면 그렇게 커진 유대감을 사적으로, 공적으로 세상에 알린다. 그리고 그것은 평생의 습관이 된다.

6. 애정이 담긴 대화를 하라

상대방에게 매일 사려 깊고 따뜻하고 정중하고 다정하고 예의바르게, 한마디로 말해 친절하려고 노력한다면 그것이 좋은 관계를 오래도록 지속시키는 기본 바탕이 된다. 행복한 커플은 매일 즐겁고 화목하게 지내는 데는 정직한 대화가 핵심 요소라는 것을 알고 있다. 어느 커플이든 서로 다른 점과 의견 차이가 있지만, 행복한 커플은 애정이 담긴 대화를 나누고 차이점이 발생하면 이를 해소한다는 점에서 다르다. 그리고 그들은 절대(대체로) 화난 채로 잠자리에 들지 않는다.

7. 두 사람 모두 만족하는 섹스를 하라

섹스는 단순한 오락이 아니다. 사랑을 표현하고 경험하는 멋진 수단이다. 사랑하는 커플들은 자연스럽게 서로 매력을 느끼기도 하지만 서로 상대방에게 배우며 성장해 나간다. 행복한 커플은 관능적인 즐거움이 관계에 얼마나 큰 영향을 미치는지 잘 알고 있으며 또한 상대방을 만족시키고 싶어 한다. 아울러 상대의 요구나 불안감, 욕망에 예민하게 반응하며 서로의 변화하는 성적 리듬에 맞춰준다.

8. 함께 일하고 함께 결정하라

누가 얼마를 벌든 생활에 영향을 미치는 결정은 두 사람이 함께 내려야 한다. 어느 한쪽이 아무리 바쁘고 스트레스에 시달린다고 해도 두 사람 모두 자신의 가치를 인정받고 행복하다고 느낄 수 있도록 집안을 꾸려나가는 데 함께 참여해야 한다.

9. 자녀 양육을 즐겨라

모든 행복한 부부에게 아이가 있는 것은 아니다. 그것이 두 사람이 함께 내린 결정이라면 당연히 옳은 것이다. 다만, 우리뿐만 아니라 대부분 부부에게는 함께 아이를 키우는 기쁨과 경외심을 일으키는 책임감보다 두 사람을 더 가깝게 해주는 것도 없다. 아이들은 그 존재 자체로 가족 안에 지대한 사랑을 가져다줄 뿐만 아니라 다른 사람을 사랑하고 존중하는 능력도 키워준다.

10. 행복하고 건강한 삶을 함께 가꿔라

건강하고 즐겁게 살아야 자기 자신과 두 사람의 관계에 에너지와 즐거움과 열정이 충만해진다. 두 사람이 함께하는 활동이나 데이트, 사랑하는 친구와 친척, 만족감을 안겨주는 취미가 없다면 관계는 휴식 없는 일처럼 되기 십상이다. 두 사람이 명랑하고 낙천적인 마음을 유지할 때 행복과 만족을 주는 평생의 동반자 관계가 순조롭게 이루어진다.

모든 것에 사랑을 담아라: 딸기 이야기

우리는 사람들에게 실질적인 도움뿐만 아니라 영감을 주기 위해 이 책을 썼다. 행복한 관계가 가능하다는 믿음은 그렇게 되도록 노력하는 것만큼 중요하기 때문이다. 당신은 지금 함께 살 수 있는 사람을 찾는 것만이 아니라, 없으면 살 수 없는 사람을 찾고 있다는 점을 명심하기 바란다. 우리는 당신이 부부로서 혹은 연인으로서 함께 멋지고 행복한 삶을 만들어가는 과정에 이 책이 도움이 될 수 있기를 바란다.

만약 행복한 결혼 생활에 필요한 것을 한 가지로 압축해야 한다면 이렇게 말할 수 있을 것이다. "모든 것에 사랑을 담아라." 이 말의 의미는 우리가 좋아하는 한 일화에 잘 드러나 있다.

얼마 전에 릴로와 제리는 디너파티에 참석한 적이 있다. "내가 앉은 자리는 매력적인 이십대 아가씨 옆이었어."라고 제리가 말했다. "우린 사랑과 결혼에 대해 이야기했는데, 후식이 나올 무렵에 아가씨가 이렇게 물었지. '내 짝을 만났다 해도 그걸 어떻게 알게 되죠?' 그때 누군가가 우리에게 딸기 그릇을 건넸어. 딸기를 보면서 내가 말했지. '그 사람이 정말로 당신의 짝이라면 당신에게 제일 좋은 딸기를 주고 싶어 할 겁니다. 언제나요. 당신도 그 사람에게 제일 좋은 딸기를 주고 싶어 할 테고요.'

그리고 일 년 후에 그 아가씨에게서 전화가 왔어. 무척 들뜬 목소리로 이렇게 말하더군. '저에게 제일 좋은 딸기를 주고 싶어 하는 사람을 만난 것 같아요.' 그 아가씨는 그 남자와 결혼해서 세 아이를 낳고 사랑과 행복이 가득한 결혼 생활을 하고 있지. 남편이 아직도 그녀에게 제일 좋은 딸기를 주고 싶어 한다더군. 그녀도 마찬가지고 말이야."

만약 행복한 결혼 생활에 필요한 것을 한 가지로 압축해야 한다면 이렇게 말할 수 있을 것이다. "모든 것에 사랑을 담아라."

이상형의 배우자
찾기

Looking for Love

1

자기 자신을 준비하라: 성품의 중요성

꒐

사람의 성품은 중요한 순간에 드러나지만 사소한 순간에 만들어진다.
—필립 브룩스, 19세기 목사이자 〈베들레헴 작은 골〉의 작사가

현재의 단계가 데이트를 시작한 초기이든 진지하게 만나는 사람이 있든 혹은 이미 결혼을 했든 간에 평생 지속될 사랑을 찾아나서는 과정은 당신 자신으로부터 시작된다. 매일 당신이 하는 선택이 현재의 당신과 앞으로의 당신을 만든다. 아리스토텔레스는 이렇게 말했다. "우리는 우리가 되풀이하는 일의 결정체이다."

옳은 행동을 선택하는 것이 항상 쉬운 일은 아니지만 그 결과를 생각하면 그럴 가치는 충분하고도 남는다. 스스로 자랑스러워할 만한 사람이 되었을 때 자신이 좋아할 만한 사람의 마음을 사로잡을 수 있다. 다시 말해, 당신이 평생 아침에 옆에서 눈을 뜨고 밤에는 잘 자라는 키스를 하고 싶어질 사람이 다가오고 싶어할만한 사람이 되어야 한다는 것이다.

우리는 인터뷰를 한 행복한 커플들과 함께 배우자에게 필요한 주요한

인격적 특성 몇 가지에 대해 이야기를 나누었다. 그들이 꼽은 배우자상은 인생을 긍정적으로 바라보는 정직하고 친절하고 감정적으로 성숙한 사람이었다. 매력, 배려, 인내심, 성실함, 그리고 그 밖의 여러 자질도 본다고 했다. 간단히 말해, 그들이 말하는 배우자상은 '좋은' 사람이었다.

매일 당신이 하는 선택이 현재의 당신과 앞으로의 당신을 만든다.

이런 인격적 특성을 갖추었을 때 평생 사랑하고 존경할 만한 상대의 마음을 사로잡을 가능성이 훨씬 커진다. 그리고 함께 있는 상대에게서도 그러한 자질들을 쉽게 이끌어낼 수 있다. 반면에 당신이 이기적이고 자기중심적이며 감정적으로 문제가 있거나 불행하다면 결혼하고 싶어질 만한 사람의 마음을 사로잡을 가능성도 낮아진다.

멋진 관계의 시작은 자기 자신으로부터 시작된다. 결혼하기 전이라면 가장 좋겠지만 고치기에 늦은 때는 없는 법이다. 당신의 인생, 그리고 당신의 모든 인간관계는 '성품 좋은 사람'이라고 규정해주는 이런 특성들을 계발하는 데 따라 변할 것이다. 내 아들 그렉의 말처럼 "이상형의 상대와 결혼하는 것으로는 충분하지 않다. 자기 자신도 스스로 이상형의 상대가 되도록 노력해야 한다."

몸과 마음을 가꾸어라

최대한 건강을 유지하고, 몸매를 가꾸고, 잘 입고, 바른 행동을 하려고 노력하라. 그렇다고 자신이 아닌 다른 사람이 되려고 노력할 필요는 없다. 우리가 모두 모델처럼 보일 수도 없고, 그럴 필요도 없다. 그저 잘 먹고, 운동하고, 충분히 자고, 위생과 옷차림에 관심을 기울이면 된다. 최선의 모습을 보여줄 때 당신이 자기 자신과 다른 사람들에게 가장 좋은 모습을 보이기 위해 애쓰고 있다는 사실이 상대방의 눈에도 보이는 법이다. 외모는 전체의 한 부분일 뿐이다.

매너도 중요하다. 엘리베이터에서 만나는 사람들부터 식료품 가게 점원까지 만나는 모든 사람에게 친절하게 대하라. 좋은 매너와 공손한 태도를 보여 잘못될 일은 거의 없다. 하지만 그 반대의 행동, 이를테면 상스러운 식사 매너라든가 무례한 태도를 보였다가는 관계를 시작하기도 전에 끝나기 십상이다.

단순히 '품위'를 보이라는 말이 아니다. 중요한 것은 당신이 사려 깊고 예의바른 사람이라는 것을 보여주는 것이다. 이런 특성들을 갖춰야 원하는 사람의 마음을 사로잡는 데 성공할 수 있다.

지식을 쌓아라. 누구나 아는 게 많고 호의적이어서 편안하게 대화할 수 있는 상대를 좋아한다. 거기에 재미있기까지 하면 금상첨화다. 신문을 읽고 시사에 밝은 사람은 언제나 흥미로운 대화거리가 넘친다. 그리고 한 가지 기억할 것. 말을 혼자서 다 할 필요는 없다. 상대방에게 질문을 하고, 진심어린 관심을 기울이며 대답에 귀 기울일 때도 당신이 얼마나 매력적이고 지적인 사람인지가 나타난다.

낙천적인 사람이 되어라

자신이 타고난 낙천가가 아니라고 생각하는 사람도 있을 것이다. 하지만 연구에 따르면 인생을 긍정적으로 바라보는 시각은 후천적으로 개발할 수 있다. 사람들은 희망적인 시선으로 세상을 보는 사람들과 함께 있기를 좋아한다. 그리고 당신이 다른 사람들의 좋은 점을 발견하려고 노력할 때 다른 사람들도 당신의 좋은 점을 좀 더 쉽게 찾아낼 것이다.

낙천성을 키우는 방법 중 한 가지는 '선한 시선과 선한 마음'을 가꾸는 것이다. 에스더 융그레이스의 《진지한 결혼》에 나오는 말이다. 선한 눈으로 세상을 바라본다는 것은 언제나 다른 사람들의 나쁜 점보다는 좋은 점을 본다는 뜻이다. 그렇다고 무비판적으로 세상을 보거나 타당한 판단을 내리지 못하고 주저한다는 말은 아니다. 다만 세상의 좋은 점보다 나쁜 점을 찾지 말라는 뜻이다. 융그레이스는 말한다.

"따스하고 선한 시선의 사람들에게는 예쁘고 잘생긴 얼굴보다 더 사람을 끌어당기는 무언가가 있다. 그것은 내부의 매력이 밖으로 발산되기 때문이다. 그들의 얼굴에서는 다정함이 배어나온다. 세월이 흘러 얼굴이 늘어지고 주름이 생기고, 배가 나오고, 대머리가 된다 해도 그 매력은 남는다. 그리고 그 때문에 그들은 언제나 자신들의 배우자에게서 매력을 발견한다. 이것이야말로 좋은 결혼에 가장 중요한 재료이다."

"톰은 언제나 사물의 좋은 면을 보지요. 그래서 나도 제일 좋은 모습이 나오는 것 같아요." 고등학교 시절부터 20년 동안 톰과 알고 지낸 콜린의 말이다. 그들은 7년 전에 결혼해 웨스트코스트에서 살고 있다.

"많은 사람이 자신에 대해 부정적으로 생각하며 살고 있는 것 같아요. 자신의 나쁜 점을 아주 잘 알죠. 나도 물론 그렇고요. 하지만 톰은 내가 나 자신에 대해 더 당당해지고 편안해지도록 만들어줘요. 날 더 나은 사람으로 만들어주죠. 난 그 점이 우리 관계에서 가장 좋아요."

관심을 갖고 배려하라

배려는 두 사람이 처음 만나 매력을 느끼고 세월이 지나고 나서도 서로를 함께 있게 만들어주는 요소에 대해 이야기할 때 자주 등장하는 특성 가운데 하나이다. 배려한다는 것은 그 사람이 배우자뿐만 아니라 가족, 사업 파트너, 선생님, 이웃 모두에게 마음을 쓸 수 있는 사람이라는 뜻이다. 타인에게 친절하고 그들의 이야기에 귀를 기울이며, 친절에 고마워하고, 다른 사람의 삶을 향상시키기 위해 기꺼이 시간과 노력을 들이는 사람이라는 뜻이다.

"우리가 벌인 사업 중 하나가 좋지 않을 때였어요. 제리와 난 걱정이 컸죠." 릴로는 이렇게 회상한다. "돈은 얼마 없었지만 난 맛있는 음식을 만들거나 어디 나가서 좀 쉬면서 상황에 대해 이야기를 해보자며 남편의 힘을 돋워주려고 노력했어요. 그리고 아이들에게는 어려움에 처해 있는 사람들의 이야기를 함께 나누면서 자신들이 만약 그런 처지라면 어떤 기분이 들지 느껴보게 했어요. 우린 〈뉴욕타임스〉에 실린 '극빈층 사례'라는 제목의 칼럼을 읽었죠. 그리고 아이들에게 어떤 사람을 도와주고 싶은지 골라보라고 했어요." 릴로는 웃으며 이렇게 덧붙였다. "아이들에게 다른 사람을 배려하도록 가르치려니 어른이 되기 전에는 조금 어렵더라고요. 하지만 지금은 아이들도 다른 사람들의 고통에 대해 관심을 기울이고 그 사람들의 상황을 바꾸기 위해 노력하려는 열정이 있어요."

그리고 한 가지 더. 상대의 배려를 받아들일 줄도 알아야 한다. 어떤 사람들은 동정 받는 것을 어려워한다. 나약함을 인정하는 꼴이라고 생각하기 때문이다. 하지만 누구에게나 때로는 도움이 필요하다. 완전히 혼자서는 자신을 보살필 수 없다. 그럴 때는 배려해 주는 배우자가 있다는 것이 세상 그 무엇보다 고마울 것이다.

정직하고 믿을 수 있는 사람이 되어라

정직이 무엇인지는 두말할 것도 없다. 거짓말하지 않고, 속이지 않는 것이다. 누가 물어보면 진실을 말한다. 누가 물어보지 않더라도 진실을 말한다. 이 규칙에 따라 행동하면 자신과 똑같은 정직한 배우자를 찾을 확률이 아주 높아진다.

정직을 몸에 익히면 믿을 수 있는 사람이 되는 것도 금방이다. 언제나 약속을 지키고 말과 행동이 일치하는 사람이라는 믿음을 얻게 되면 당신은 직장의 일원으로서, 그리고 데이트를 하고 결혼을 해서 오랫동안 인생을 함께할 상대로서 매우 소중한 사람이 될 것이다. 정직하게 사는 것이 어려울 수도 있다. 하지만 결국에는 정직하게 사는 것이 바르게 사는 길이다. 하지만 이런 정직함도 상황에 따라 분별과 예의와 재치로 알맞게 조절할 줄 알아야 한다.

정직이 무엇인지는 두 말할 것도 없다. 거짓말하지 않고, 속이지 않는 것이다. 누가 물어보면 진실을 말한다. 누가 물어보지 않더라도 진실을 말한다.

"저에게는 20대 딸이 둘 있는데, 아이들에게 짝을 찾을 때는 이런 점을 살펴보라고 말해요. 첫 번째는 정직한 사람이어야 한다는 거예요." 앨런과 28년 동안 부부로 살아온 베스는 말한다. "물론 자기를 사랑해주고 진실로 의지할 수 있는 사람을 찾으라는 말도 하죠. 그리고 관계에는 헌신과 책임감이 필요하며 그러기 위해 노력해야 한다는 말도요. 두 사람 모두 대부분의 경우 자기 자신보다 배우자를 먼저 생각할 수 있어야 해요. 그러면 행복한 결혼 생활을 할 수 있죠."

인내심을 가지고 자신을 통제하라

말이나 행동보다 생각을 앞세우는 것이 늘 쉽지만은 않다. 하지만 그런 능력이 있으면 곤란한 상황에 빠지는 일을 미리 방지할 수 있다. 인생에서도, 결혼에서도. 배우자나 직장 동료, 매일 만나는 사람들에게 사소한 일에서부터 인내심을 발휘할 수 있다면 그것은 언제나 인내심과 예의로 모든 사람을 대하는 제2의 천성으로 자리 잡는다. 화를 내는 것은 자기 자신에게 빠져서 헤어 나오지 못하기 때문이다. 그런 행동은 상대방에게 공평하지 못하다.

인내심과 셀프컨트롤을 통해 우리는 자기 자신을 객관적으로 볼 수 있는 자아 수용 능력을 키울 수 있다. 그것은 일할 때도 도움이 되는 특성으로, 동료들 역시 그런 점에 고마워할 것이다.

엘리자베스가 남편 래리에 대해 좋아하고 존경하는 점은 살면서 무슨 일이 일어나든지 그 순간 그가 보여주는 셀프컨트롤 능력과 차분한 태도이다. "래리를 만나기 전에 데이트하던 남자는 자기가 원하는 대로 되지 않으면 소리를 지르고 화를 냈죠. 고통스러웠어요. 하지만 래리와 있으면 전혀 달랐어요. 신선한 공기를 마시는 것 같았죠. 남편은 자기가 원하는 내가 아닌, 있는 그대로의 날 사랑해줘요."

열여섯 살 때 열일곱 살이던 아내 사라를 만나 사랑에 빠진 아서도 비슷한 말을 한다.

"내가 아내에 대해 좋아하는 점 한 가지가 인내심이죠. 특히 엄마로서 보여주는 인내심이요. 난 아내가 딸에게 하는 것처럼은 절대 못할 겁니다. 놀라운 사람이죠."

책임을 인정하라

관계 유지에 아주 커다란 난관 중 하나는 자신이 한 행동 또는 하지 않은 행동에 대한 책임을 인정하느냐 인정하지 않느냐의 문제이다. 때로는 자신이 하지 않은 일("어머, 티켓 가져오는 걸 잊었네?")이 한 일만큼 커다란 영향을 미칠 수 있다. 우리는 누구나 실수를 할 수 있다. 그러니 실수를 인정하고 그에 대해 사과하라. 그리고 실수를 만회하기 위해 노력함으로써 일상생활에서 생기는 필연적인 긴장감을 늦춰라.

때로는 자신이 하지 않은 일("어머, 티켓 가져오는 걸 잊었네?")이 한 일만큼 커다란 영향을 미칠 수 있다.

우리 사회를 보면 자기중심적이고 가질 수 있는 건 모두 손에 넣고야 말겠다는 태도가 성공을 위한 유일한 길처럼 보일 때가 자주 있다. 하지만 우리가 언론에서 보는 이미지와는 달리 성공과 인간관계의 역학 구도는 사실 그 반대이다. 친구, 동료, 연인……, 그 대상이 누구이든 사람들은 책임감 있는 사람을 좋아하고 존경한다.

"어릴 때 아버지가 몇 번이고 말씀하셨어요. '정직하게 살아라. 아무리 어려워도 정직하게 살아야 한다.' 라고요." 제리는 말한다. "우리 가족은 2차 세계대전이 일어나기 전 마지막 순간에 나치 독일을 탈출했죠. 떠나기 전에 아버지가 그 촉박한 상황에도 함께 사업하던 사람들을 찾아다니며 빚을 갚고 계좌를 정리하던 게 기억납니다. 꼭 그러실 필요는 없었어요. 상황을 생각하면 사람들도 이해해 줬을 테니까요. 하지만 아버지는 그렇게 하셨어요. 그래서 나는 책임감과 착한 품성을 아주 중요하게 생각하죠. 그리고 릴로를 만나자마자 그녀 역시 그런 점들을 중요하게 여긴다는 걸 알았고요."

흥미로운 사실은 우리 자신이 더욱 책임감 있는 사람이 될 때 우리와 교류하는 이들의 수준도 높아진다는 것이다. 약속 시간을 지키고, 책임을 다하고, 다른 사람을 비난하지 않으면 주위에 있는 사람들도 그와 똑같이 행동할 것이다. 만약 그렇지 않다면 그들의 행동은 금방 눈에 띨 것이고, 그때 그들과의 관계를 앞으로 어떤 식으로 발전시켜 나갈지 선택하면 된다.

마리아와 안토니는 자신들의 결혼이 아주 성공적이라고 입을 모은다. 서로 의지할 수 있기 때문이다. 마리아는 말한다. "내게 문제가 있으면 안토니는 내 바로 곁에서 그 어려움을 이겨내도록 도와줘요. 그게 제가 안토니에 대해 특히 좋아하는 점이에요. 남편은 모두에게 좋은 사람이에요. 지금은 몸이 좋지 않은 데도 나이 드신 고모님들을 보살펴드리죠. 그는 친척이나 이웃, 누구든 다 그렇게 도와준답니다."

개성을 계발하라

많은 사람이 마치 두 사람이 하나가 된 듯한 연인 관계를 꿈꾼다. 두 사람이 좋아하는 것, 싫어하는 것, 열정을 쏟는 대상이 똑같은 한 사람으로 합쳐지는 관계. 심리학자 데이비드 슈나르크는 이것을 '융합 판타지'라고 부른다.

슈나르크는 그의 책 《열정적인 결혼》에서 가장 견고하고 행복한 관계는 융합과 반대되는 현상이 일어나는 관계라고 주장한다. 그런 관계에 있는 커플은 각자 자신만의 특별하고 독립적인 개성을 확립할 수 있다. '차별화'라는 과정을 통해 각자 멀어지지 않고도 달라질 수 있고, 이기적이지 않고도 개인이 될 수 있다. 슈나르크는 책에서 이렇게 말한다.

"차별화란 생명의 기본적인 두 가지 힘의 균형을 맞추는 것이다. 그 두 가지 힘은 개성을 추구하는 힘과 일체감을 추구하는 힘이다. 일체감을 위해 개성을 포기하는 것이나 개성을 유지하기 위해 관계를 포기하는 것이나 결과적으로는 모두 잘못된 것이다. 어떤 식이든 결국은 보잘것없는 관계를 가진 보잘것없는 사람으로 남게 되기 때문이다."

심리학자 에리히 프롬의 말처럼 "사랑하는 관계에서는 두 존재가 하나가 되면서도 여전히 둘로 남아 있는 역설이 발생한다." 이런 관점에서 볼 때 개성을 개발한다는 것은 자신을 '탐나는 상대'로 만들어주는 것 이상의 의미가 있다. 즉, 자신만의 개성이 있을 때 진지한 연인 관계에 돌입하고 나서도 자신이 유일무이한 존재라는 감각을 유지할 수 있다는 것이다.

페어플레이하라

사람들에게는 아주 어릴 때부터 공정성을 감지하는 내장 레이더가 장착되어 있는지도 모르겠다. 페어플레이하지 않는 사람을 보면 즉각 그 사실을 알아차리고, 그런 행동에 거부 반응을 보인다. 부모들은 어린 자식이 부모가 누구를 더 많이 안아주었고, 누구에게 과자를 더 주었으며, 누구와 더 놀아주었고, 생일에는 누구에게 더 많은 장난감을 주었는지 불공평한 점들을 속속들이 지적하는 것을 보며 종종 놀라워한다. 아이들은 자라면서 '공평함'과 '똑같음'의 차이를 배우고, 학교에서, 그리고 친구들과 지내면서 정의와 명예에 대해 배운다.

우리는 모든 행동에서 페어플레이 정신을 보이는 사람을 발견하면 — 운동 경기를 할 때든 직장에서 맡은 일을 할 때든 혹은 연인에게 아낌없이 줄 때든 — 대부분 본능적으로 그 사람을 믿고 존경하게 된다.

"어떤 사람은 우리가 집안일을 나누는 방식이 공평하지 않다고 생각할 수도 있지만, 우린 각자 좋아하는 일을 하기로 했어요. 우리에게는 그게 공평해 보이니까요." 조이스는 말한다. "해리는 요리하는 걸 좋아하니까 요리는 대부분 그이가 하고, 난 설거지를 하죠. 난 이것저것 고치고 손재주가 필요한 일을 좋아하고요. 어렸을 때 아버지와 하던 일이에요. 주로 남자들이 하는 일이지만 해리는 그런 것에 신경 쓰지 않아요. 우리한테는 그게 맞으니까요."

모든 행동에서 페어플레이 정신을 보이는 사람을 발견하면 대부분 본능적으로 그 사람을 믿고 존경하게 된다.

서로에게 충실하라

당신이 가족과 친구들에게 충실한 사람이라면 그런 태도는 연인에게까지 자연스럽게 이어질 것이다. 변함없는 친구와 배우자는 보석보다 귀하다. "원칙은 바위처럼, 행동 방식은 시류에 맞게." 토마스 제퍼슨의 충고다.

"내가 팻의 어떤 점에 감탄하는지 알려드릴까요? 충실하다는 거예요." 60년 동안 함께 살아온 남편에 대해 루이즈는 이렇게 말한다. 두 사람은 건강할 때나 병들었을 때나 서로의 곁을 지켰다. 결혼한 지 일 년 후, 팻은 2차 세계대전에 참전했다가 귀머거리가 되어 돌아왔다. 그리고 그로부터 20년 후 이번에는 루이즈가 다발성 경화증에 걸렸다. 그녀는 휠체어 신세를 지고 있다. "남편은 바위처럼 날 지켜줬어요. 절대로 포기하지 않있죠."

"아내가 넘어지면 — 넘어지기도 아주 잘 넘어져요 — 난 바닥에 같이 드러누워요." 팻은 크게 웃으며 말한다. "한번은 거실에 들어갔는데, 아내가 바닥에 누워있는 게 보이는 거예요. 울고 있더군요. 그래서 나도 옆에 같이 누워서 이렇게 말했죠. '당신 여기 누워서 뭐하는 거야?' 그러니까 웃음을 터뜨리더군요. 난 그냥 눈물만 닦아줬죠. 난 아내를 배짱 여사라고 불러요. 뭐든 할 수 있는 배짱이 두둑하거든요. 예전에 같이 사업을 한 적이 있는데, 어느 날 아침, 아내가 몸이 아주 아팠어요. 그래서 내가 그 랬죠. '여보, 그냥 침대에 누워 있지 그래?' 그랬더니 이러는 거예요. '싫 어요, 옷 입는 것 좀 도와줘요. 여기 누워 있으면 난 내 생각만 하게 될 거 예요. 그러니까 일하러 가야 해요.' 그런 태도가 존경스럽죠. 아내한테는 하나도 바꾸고 싶은 게 없어요. 앓고 있는 병까지도 말이에요. 물론 병이 나으면 좋겠지만, 난 지금 그대로의 아내를 사랑합니다."

나쁜 습관을 버려라: 필요하면 도움을 구하라

자신이 원하는 사람이 되는 데 걸림돌이 되는 문제가 있다고 느껴지면 친구나 카운슬러, 또는 정신과 의사와 이야기하라. 자신을 전혀 다른 사 람으로 바꿀 수는 없지만 적절한 동기부여만 된다면 우리는 누구나 성장 하고 변화할 수 있다. 때로는 외부의 도움이 필요할 때도 있다. 분명히 도 움이 될 것이다.

2

목적 있는 데이트를 하라:
상대를 찾는 적극적인 방법

────────── ♋ ──────────

어느 황홀한 저녁 당신은 낯선 이를 만날지도 몰라요. 많은 사람 사이에서 당신은 알게 될 거예요.
어디선가 또 그녀를 만나게 될 거라는 걸, 다시 또 다시
─리처드 로저스 & 오스카 해머스타인 2세, 뮤지컬 〈남태평양〉 중 〈어느 황홀한 저녁〉

우리는 완벽한 짝을 만나는 꿈을 꾼
다. 많은 사람들이 주위를 한 번 슥 둘러보다가 눈과 마음을 사로잡는 누
군가를 발견하기를 꿈꾼다. 그럴 수 있다. 50여 년 전 우리의 첫 만남도
그랬으니까. 우리는 첫눈에 반했다.

"새해 첫날 아디론덱 산맥의 스키 산장에 들어가자마자 릴로가 눈에
들어왔죠." 제리는 회상한다. "예쁘다는 생각이 먼저 들었어요. 이야기하
는 모습, 웃는 모습이 다 좋았죠. 그러다가 그녀가 내가 어릴 때 하던 잘
알려지지 않은 유럽식 게임을 하고 있다는 걸 알았어요. 다른 남자와 앉
아 있었지만 그렇다고 포기할 내가 아니었죠. 난 '같이 할 수 있을까요?'
라고 물었어요. 그랬더니 '할 줄 아세요?'라고 되묻는 거예요. '누구나 다
아는 게임 아닙니까?'라고 난 말했죠. 그녀는 내가 그 게임을 아는 것에

놀라더라고요. 나는 그녀와 앉아서 게임을 했죠. 그녀가 이겼어요.

다음날, 그녀가 슬로프에서 친구들, 스키 클럽 회원들과 함께 스키를 타는 걸 봤어요. 스키를 아주 잘 타더군요. 난 그 사람들과 한두 번 같이 스키를 타면서 어울려 놀았어요. 그녀에게 무척 끌렸죠. 그녀는 얼굴만 예쁜 게 아니었어요. 같이 있으면 재미있고, 지적이고, 자란 배경도 나와 아주 비슷했죠. 나는 금방 그녀에게 유대감을 느꼈어요. 그녀는 내가 데이트했던 여자들과 아주 달랐어요. 바로 그 슬로프에서 난 그녀가 언젠가 나와 결혼할 여자가 될 거라는 생각이 들었죠.

뉴욕으로 돌아와서 그녀가 함께 왔던 그 조그만 스키 클럽이 어디에 있는지 찾아내는 데 6주가 걸렸어요. 난 즉시 그 클럽에 가입했죠. 그리고 9주 후에 그녀와 약혼했어요.

지금 우린 이제 다 큰 자식들 다섯과 손자손녀 열세 명을 두고 아주 행복하게 살고 있어요. 그 스키 산장에서는 상상도 못했던 일이죠."

행복한 결혼 생활을 하는 많은 부부는 상대에게 처음 느꼈던 관심이 깊은 관계로 발전하는 계기가 되었다고 말한다. 그리고 특별한 유대감과 서로가 비슷하다는 느낌을 받았다고 한다. 그들은 긴 산책을 좋아한다거나 좋아하는 책이 같다는 등 서로의 공통점과 경험을 즐긴다. 그리고 지성, 용기, 유머 감각, 정직, 아름다움, 청렴성, 창조성, 모험심 등 상대방의 좋은 점들에 대해 즐겨 이야기한다.

진지한 데이트를 하라

바로 오늘 누군가를 만났든, 이미 진지한 데이트를 하고 있든 혹은 자신과 맞는 사람을 찾는 데 시간이 더 필요하든 그런 것은 중요하지 않다. 멋진 관계를 위해 중요한 것은 운이 아니다. 자신이 어떤 사람이고 원하는 것이 무엇인지 진지하게 생각해야 한다. '목적 있는 데이트'를 할 준비가 되어 있는지 결정하라.

- 진지한 관계를 시작할 준비가 되어 있는가?
- 결혼을 생각할 만큼 성숙하고 책임감이 있는가?
- 배우자에게 바라는 가장 중요한 자질이 무엇인지 분명히 알고, 그것을 반드시 찾으려는 자세가 되어 있는가?

목적 있는 데이트를 하면, 당신은 상대가 자신을 행복하게 해줄 수 있는지 데이트를 통해 알아볼 수 있게 된다.

멋진 관계를 위해 중요한 것은 운이 아니다. 당신이 어떤 사람이고 원하는 것이 무엇인지 진지하게 생각해야 한다.

"리처드와 난 자란 환경이 같았죠. 그래서 서로 아주 잘 이해하고, 일을 하는 방식도 비슷해요." 결혼 17년차인 매리엔의 설명이다. "데이트하던 시절에 친구 집에 저녁 초대를 받으면 난 꽃이나 선물을 가져가는 걸 중요하게 생각했어요. 그렇게 배우면서 자랐거든요. 그건 남편도 마찬가지였죠. 그래서 내가 빵집에 들러 케이크를 사가자고 해도 이의를 제기하는 일이 없었어요. 지금도 집에서 손님들을 대접할 때면 난 땅콩 안주나 인스턴트식품 같은 걸 내놓지 않고 정성껏 손수 음식을 만들어요. 그게 정말 중요하다고 생각하니까요. 리처드도 마찬가지고요."

오랫동안 독신으로 지내고 있다면 이제 자신이 데이트와 완전히 거리가 멀어졌다고 생각할 수도 있다. 혹은 데이트를 결코 정복하지 못할 괴로운 일이라고 느낄 수도 있다. 하지만 일단 목적 있는 데이트를 시작하면 자신을 이끌어주고 영감을 주는 새로운 집중력과 동기가 생길 것이다.

자신의 위치와 원하는 것이 무엇인지를 분명히 이해하면 데이트에 대한 걱정이 얼마나 줄어드는지 아마 놀랄 것이다. 우선 상황을 감정적으로 받아들이지 않게 된다. 거절당해도 내가 부족한 사람이라서가 아니라 두 사람이 서로 맞지 않기 때문이라는 것을 이해하게 될 것이다. 포기하지 말고 자신에게 맞는 사람을 찾아야 한다. 이런 관점으로 생각해야 데이트에 대한 중압감이 줄어들면서 그 과정을 훨씬 즐기게 될 것이다.

목적 있는 데이트를 하면 자신이 어떤 사람에게 진정으로 끌리는지 알게 된다. 어떤 사람에게 가슴이 빨리 뛰고, 다시 만날 때까지 일분일초가 더디다고 느껴지는지 알게 될 것이다.

캐서린과 로저는 결혼 8년차로, 둘 다 재혼이다. 그들은 재혼에서는 첫 번째 결혼과 다른 것이 필요하다는 것을 알고 있었다.

"우린 둘 다 더 친절하고 이해심 많은 사람을 원했어요." 로저는 말한다. "처음에는 육체적인 매력이 아니었어요. 이상하죠? 지금은 그 매력에 끌리는데 말이에요. 처음의 그건 정신적인 끌림이었어요. 캐서린과 난 소울메이트가 되었습니다. 우린 서로 아주 잘 이해하죠."

캐서린도 동의한다. "우린 서로를 믿었어요. 함께 있는 게 즐거웠고, 서로를 웃게 만들었죠. 우리가 오랫동안 경험하지 못했던 일이었어요."

원하는 것을 알았기에 그들은 원하는 것을 얻었다. "직장에서 아내 생각을 하면 아직도 가슴이 두근거려요."

평생의 배우자를 발견한다는 건 두 말할 필요 없이 신나는 일이다. 하지만 어려운 일이기도 하다. 대부분의 사람이 고등학교나 대학에서 짝을 만나던 시절은 끝났다. 당신도 아마 다른 많은 미국인처럼 고향에서 멀리 떠나와 대학을 다녔을지 모르겠다. 새로운 사람을 소개해주거나 사회적 관계를 넓히면서 즐거움도 느낄 수 있는 모임에 데려가 줄 친구나 친척이 없을 수도 있다. 그러니 남자와 여자의 결혼 연령이 과거보다 몇 년 늦어졌다는 것은 놀랍지도 않다. 1960년대 이후로 남자의 평균 결혼 연령은 네 살 많아진 스물일곱, 여자는 다섯 살 많아진 스물네 살이다.

사람을 만나는 문제만 힘든 것이 아니다. 결혼에 대한 기대감도 그 어느 때보다 높아졌다. 그도 그럴 것이 모든 기준이 높아졌기 때문이다. 우리는 전부를 원한다. 건강을 원하고, 계절과 상관없이 세계 각국의 이국적인 음식을 먹고 싶어 한다. 더 큰 집을 원하고(미국에서 새로 지어진 집들은

50년 전보다 평균 30% 정도 더 커졌다), 한두 세대 전에는 꿈도 꾸지 못했을 만큼 텔레비전 방송국도 많아졌으며, 여행도 더 빠르고 값싸게 즐길 수 있다. 몇 안 되는 동네 가게들로는 만족하지 못해 가게 수백 개가 모여 있는 쇼핑몰을 원한다.

우리는 결혼에 대해서도 전보다 많은 것을 원한다. 경제적 안정과 아이들을 키울 안전한 집만으로는 충분하지 않다. 우리는 사랑과 열정, 성취감과 함께 그 밖의 다른 것들도 원한다. 사랑이 지속되길 바라는 평생이라는 시간도 한 세기 전과 비교하면 10~20년은 족히 늘어나 있다. 그러니 멋진 결혼을 바라지 않을 이유가 어디 있는가? 멋진 결혼을 바라는 건 당연하다. 하지만 이런 사회적 변화들과 더불어 50%에 육박하는 이혼율 때문에 우리가 자신 있게 서로 자신에게 맞는 배우자감을 찾고 선택하는 것은 더 어려워진 듯하다.

첫 번째 결혼을 준비하고 있든 두 번째, 세 번째 결혼을 준비하고 있든 평생을 함께할 멋진 배우자감을 찾을 때 필수적으로 고려해야 할 네 가지가 있다.

1. 상대에게 무엇을 원하는가?
2. 멋진 상대를 만나기 위해 어떤 전략을 쓸 것인가?
3. 이번이 두 번째나 세 번째 결혼(혹은 장기적인 교제)이라면 이번에는 어떻게 달라질 것인가?
4. 가볍게 데이트하는 상대가 있다면, 언제쯤 진지해져야 하는가?

상대에게 무엇을 원하는가?

서로 다른 사람에게 끌린다고 믿는 사람들도 있지만 연구 결과는 그렇지 않다. 성장 배경이든 경험이든 서로 공통점이 많을수록 두 사람 사이의 유대감은 더욱 강해진다.

자신이 상대에게서 무엇을 찾는지 정확히 모를 수 있다. 그렇다면 자신에게 무엇이 중요한지 진지하게 그리고 현실적으로 생각해 봐야 한다. 무엇이 당신을 행복하게 하는가? 이 사람과 결혼한다면 당신은 그 관계에 어떻게 기여할 수 있는가? 그 관계에서 무엇을 기대하고 무엇을 바랄 수 있는가?

서로 다른 사람에게 끌린다고 믿는 사람들도 있지만 연구 결과는 그렇지 않다. 오랫동안 지속되는 행복한 결혼 생활은 대부분 서로 다르기보다는 비슷한 사람들에게서 가능하다. 그들은 믿음, 가치관, 좋아하는 것, 싫어하는 것들이 같고, 함께 성장하고 배워나간다. 성장 배경이든 경험이든 서로 공통점이 많을수록 두 사람 사이의 유대감은 더욱 강해진다.

우선 당신이 이상적인 짝으로 가장 중요하다고 생각하는 특성들을 목록으로 만들어보는 것이 한 방법이 될 수 있다.

데이비드와 베스는 만난 지 2년 후 결혼했고 36년 동안 함께 살고 있다. "우린 형의 결혼식에서 만났어요. 아내는 신부의 친구였는데, 금방 서

나의 이상형 테스트

운이나 끈기가 도움은 될 수 있을지언정 이상적인 상대를 찾는 데 결정적인 요소는 아니다. 성공 확률을 높이려면 자신이 상대방에게 어떤 점들을 찾고 있는지 명확히 알아야 한다. 다음은 남은 평생을 함께 보내고 싶은 사람을 찾을 때 생각해야 할 특징들이다.

자신이 원하고 바라는 점들을 각 항목에 서너 가지씩 나열하며 최대한 구체적으로 기록하라. '날씬하고 섹시' 하다거나 '잘생기고 부자' 라는 묘사만으로는 부족하다.

자신의 성격과 잘 맞고, 자신에게 가장 중요한 점들에 포커스를 맞춰라. 그리고 각 항목에 1에서 4까지 점수를 매겨보자.

> 1 = 중요하지 않음
> 2 = 약간 중요함
> 3 = 아주 중요함
> 4 = 없으면 안 되는 필수 요소

- **나이**: 연상, 연하, 동갑을 찾는가? 어느 정도의 나이대가 당신에게 맞는가? _____
- **외모**: 외모가 가장 중요한 항목은 아니지만, 좋아하는 외모적 특징을 적어보라. _____
- **성격과 스타일**: 어떤 성격이 매력적이라고 생각하는가? 다음과 같은 특징들을 고려해보자. 유머감각, 매너, 야망, 감정 표현 방식, 기질, 활력의 정도. _____
- **성적 매력**: 상대의 어떤 점에 흥분하는가? 어떤 점에 흥분이 식는가? 만지고 만져지는 것을 좋아하는 사람을 원하는가? _____
- **품성**: 당신이 가장 중요하게 생각하는 특징은 무엇인가? 정직, 배려, 친절, 신뢰성, 셀프 컨트롤, 리더십, 열정, 성실성, 관대함, 유머 감각? _____
- **여가와 취미 생활**: 자유 시간에 상대와 무엇을 하며 보내고 싶은가? 여행, 스포츠, 독서, 음악, 댄스, 산책, 캠핑, 요리, 자연, 동물, 친구나 가족들과의 저녁? _____
- **대화와 편안함 정도**: 당신은 어떤 사람을 원하는가? 좋은 이야기 상대, 논쟁하기 좋아하는 사람, 이야기를 잘 들어주는 사람, 함께 있으면 편안하고 안전하다는 기분이 드는 사람? (행복한 부부들은 대부분 처음 만났을 때 시간 가는 줄 모르고 몇 시간씩 이야기를 나누었다고 한다.) _____
- **종교**: 종교나 믿음, 종교 행사들이 당신에게는 얼마나 중요한가? _____

- **지적 능력**: 얼마나 똑똑한 사람과 같이 있고 싶은가? (사람들은 지적 수준이 비슷한 사람과 있는 것을 가장 편안하게 느낀다.) _____
- **교육 수준**: 대학 졸업장이나 대학원 졸업장이 중요한가? 얼마나 중요한가? _____
- **가정환경**: 어떤 가정환경이 가장 편하게 느껴지는가? 특정한 민족적, 교육적 배경의 사람을 찾는가? 사이가 가까운 가족이 좋은가, 먼 가족이 좋은가? 대가족이 좋은가, 소가족이 좋은가? _____
- **정치관 및 사회 봉사 활동**: 자신과 신념이 같아야 하는가? _____
- **습관**: 지저분한 사람은 짜증스러운가? 너무 깔끔한 사람은? 음주, 흡연, TV 시청에 대해서는 어떻게 생각하는가? 어떤 습관이 기분 좋고 편안하게 느껴지는가? 그렇지 않은 습관은? _____
- **자녀**: 자녀를 많이 두고 싶어하는 사람을 찾는가? 아니면 그렇지 않은 사람을 찾는가? 이미 자녀가 있는 사람을 만나는 것은 어떤가? _____
- **직업**: 어떤 직업을 바라는가? 전문직 종사자, 사업가, 군인, 예술이나 운동 관련 종사자? 어떤 직업을 가졌는지가 중요한가? _____
- **재력**: 상대의 재력이 중요한가? 어느 정도의 재산을 갖춘 상대를 원하는가? _____
- **라이프스타일**: 어떤 취향과 라이프스타일을 가진 사람을 원하는가? 그것이 얼마나 중요한가? _____
- **기타**: 특별히 중요하게 여기는 다른 자질은 무엇인가? 또 그것은 얼마나 중요한가? 생각나는 대로 모두 적어보자.

_____

_____

_____

_____

_____

_____

_____

_____

_____

로에게 빠졌죠." 데이비드의 회상이다. "좋은 가정에서 자란 정직하고건전하고 가치관이 건강한 여자였어요. 예쁘기도 했고요. 내가 여자에게 바라는 점들을 모두 갖춘 것 같았죠."

베스도 마찬가지였다. "남편에게 매력을 느꼈어요. 가족에 대한 가치관도 같았고요. 우리 모두 가족들이 사이가 아주 가까웠고, 둘 다 곧바로 아이를 가지고 싶어 했어요. 남편감을 찾는다면 바로 이런 사람이라고 생각했죠. 정직하고 다정한 정말 좋은 사람이었거든요. 우린 서로를 존중했고, 지금도 그래요. 우린 단순히 배우자만이 아니라 좋은 친구고 연인이에요."

멋진 상대를 만나기 위해 어떤 전략을 쓸 것인가?

멋진 상대를 찾기 위한 가장 간단하고 정확한 충고를 하자면 한 마디로 이렇게 말할 수 있다. 자신의 관심과 마음이 향하는 곳으로 가라는 것이다. 지금의 관심사를 추구하거나 새로운 관심이 생겼을 때 자신과 관심사가 같은 사람을 만날 가능성이 가장 크다. 동시에 당신은 재미있고 영감을 받을 수 있는 곳에 있게 된다. 그것만으로도 당신의 마음은 이상적인 상대를 만나기에 가장 좋은 상태가 될 것이다.

그 후에는 과정에 시간과 에너지를 쏟을 준비를 하라. 공부와 일을 할 때처럼 목적 있는 데이트를 할 때도 헌신이 필요하다. 새로운 것을 시도할 각오도 되어 있어야 한다. 새로운 접근법을 시도하거나 새로운 도시로 옮기거나 새로운 직장을 찾는 것도 한 가지 방법이다. 자신에게 맞는 짝을 만나기까지는 수십 번의 데이트와 오랜 시간이 필요할지도 모른다.

다음은 상대를 찾기 시작할 때 혹은 찾는 범위를 넓힐 때 시도할 수 있는 좋은 방법들이다. 그리고 기억하자. 마음을 활짝 열고 준비를 갖추고 있을 때 사신에게 맞는 사람을 알아보고 마음을 사로잡기가 더 쉬워진다는 것을. 그리고 그 모든 과정이 재미있고 신나야 그 결과인 결혼도 신나고 재미있을 것이다.

멋진 상대를 찾기 위한 가장 간단하고 정확한 충고를 하자면 한 마디로 이렇게 말할 수 있다. "당신의 관심과 마음이 향하는 곳으로 가라."

(1) 온라인 데이트 사이트나 잡지의 개인 광고, 중매 서비스를 이용한다

요즘은 한두 세대 전에 사람들이 이성과의 만남을 위해 애용하던 댄스파티나 소개팅처럼 데이트를 주선하는 서비스가 직업, 연령을 막론한 모든 사람에게 평범한 것이 되었다. 온라인 데이트 사이트에는 잡지나 신문의 개인 광고, 스피드 데이트까지 많은 사람을 만날 수 있는 여러 가지 방법이 준비되어 있다. 그리고 이런 새로운 방법들을 통해 많은 사람이 행복한 관계를 맺고, 결혼을 했다.

조안나는 데이트 서비스를 통해 평생의 사랑을 만났다. 인터넷의 큰 장점은 자신의 진짜 모습을 빨리 드러내 보일 수 있다는 것, 그리고 곧장 본론으로 들어갈 수 있다는 것이다.

"인터넷에서는 아무래도 자신에 대해 좀 더 솔직해질 수가 있어요. 그리고 직접적으로 만나기 전에 생각과 감정을 나눌 수 있기 때문에 상대를 더 빨리, 그리고 잘 알 수 있게 되죠. 자의식을 덜 느끼기 때문에 다른 사람인 척하려고 애쓰지 않고 진짜 나를 상대에게 보여주게 되고요. 사람들은 우리가 완벽한 짝이래요. 우리의 성공 사례를 보고 우리가 아는 다른 사람들도 온라인 데이트를 이용한답니다."

이런 접근법을 이용하는 것을 이상하게 생각하거나 창피하게 느낄 필요는 없다.

아담과 케이티는 개인 광고의 효과를 확고히 믿는다. 두 사람이 바로 개인 광고를 통해 만났기 때문이다. "난 어린 아이가 둘이나 있었기 때문에 남자를 만날 기회가 없었죠." 케이티는 말한다. "〈뉴욕 매거진〉에서 '아이를 좋아하는 의사'라는 그이의 광고를 보고 즉각 편지를 보냈어요. 그게 9년 전이었죠. 그 후 결혼해서 이렇게 행복하게 살고 있어요."

온라인 데이트에 관심이 있다면 부록1의 '데이트 입문서(245쪽)'를 참고하기 바란다. 데이트를 시작하는 방법과 온라인 데이트의 장점, 단점, 명심해야 할 주의사항까지 알 수 있다.

(2) 가족과 친구들에게 진지하게 상대를 찾고 있다는 것을 알린다

사람들은 보통 처음 만나는 사람이 자신의 가족이나 친구들과 어떤 식으로든 연관이 있을 때 편안함을 느낀다. 누군가가 그 사람은 어떤 사람이고 배경이 어떤지 어느 정도 알고 있어서 그 사람에 대해 보증해줄 수 있기 때문이다. 고등학교나 대학 친구들과 다시 연락하라. 그들은 당신을 잘 알고 있으며, 당신이 잘되기를 원할 것이다. 주위 사람들에게 짝을 찾고 있다는 말을 퍼뜨리고, 어렵겠지만 사람을 소개시켜달라고 조금 졸라보자.

(3) 집에만 앉아 있지 말고 밖으로 나가라

집안 행사, 결혼식, 기념식, 명절 모임, 동창회, 이웃 모임 등에 참석하라. 사람이나 일, 또는 어떤 목적을 위해 마련된 축하 행사는 새로운 사람을 만나기 위한 좋은 무대가 된다.

(4) 직장 안을 살펴라 — 하지만 조심스럽게

많은 사람이 직장에서 훌륭한 짝을 찾는다. 회사 파티나 행사에 반드시 참석하자. 마음이 맞는 또래가 별로 없는 직장이라면 회사를 옮길 생각도 해보라. 얼마나 많은 사람이 직장에서 소울 메이트를 찾는지 알면 놀랄 것이다. 그도 그럴 것이 직업적인 관심이 같고 또 동료라는 장점을 등에 업고 시작하는 것이니 말이다.

프랜신과 도널드는 13년 전에 직장에서 만나 100일 후 결혼했다.

도널드는 말한다. "처음부터 확신이 있었어요. 그 주 주말에 집에 가서 어머니에게 사무실에서 같이 일하게 된 여자가 있는데 그 여자와 결혼하겠다고 말했죠."

"전 그이보다는 몇 주 늦게 시작했어요. 우선 새로운 직장에 적응해야 했으니까요." 프랜신의 말이다. "그리니치빌리지에서 막대 아이스크림을 나눠 먹으며 걷던 날 알았던 것 같아요. 아이스크림 이름이 도브바였는데 우린 농담으로 러브바라고 불렀죠. 그이에게 한 입 주려다가 잘못해서 코에 아이스크림을 묻혀 버렸는데, 냅킨이 없어서 내가 혀로 핥아먹었죠. 그때부터 진지해졌던 것 같아요. 진지하게 생각하지 않는 사람에게는 그럴 수 없잖아요."

같은 직장 사람과 데이트를 하는 데는 위험도 따른다. 헤어져도 매일 사무실에서 봐야 하기 때문이다. 잘 된다고 해도 여전히 어려움은 있을 수 있다. 많은 회사에서 배우자가 직속상관이 되는 것을 금하고 있다. 따라서 한 명은 다른 업무로 이동 배치되거나 회사를 아예 그만둬야 할 수도 있다. 하지만 평생의 배우자를 만난다면 그럴 만한 가치가 있다.

(5) 종교 단체의 프로그램에 참여한다

교회나 성당, 절 등 종교 모임에서 배경과 가치관, 관심이 비슷한 사람을 만날 확률이 아주 높다. 많은 종교 단체에서 독신자를 위한 행사를 개최한다. 그 종교에 특별히 관심이 없어도 상관없다. 이런 기관들은 사람을 만나기에 더 없이 좋은 장소이며 누구든 환영이다.

(6) 헬스클럽에 가입한다

몸도 좋아지고, 건강과 몸매에 관심 있는 새로운 사람들도 만나게 될 것이다. 강습을 받아라. 함께 열심히 운동한 사람들끼리는 벽을 허물고 더 쉽게 친해지기 마련이다. 음료수 판매대에서 얼쩡거리고, 게시판을 확인하라. 많은 클럽이 회원들을 위한 댄스파티나 스포츠 관람 여행, 각종 소풍을 계획한다. 그중에는 '독신자'만을 위한 것도 많다.

(7) 문화 강좌를 수강한다

학교를 졸업했다면 상급 학교에 진학하거나 자신이 좋아하는 수업을 택해 성인반에 등록하라. 요리, 요가, 외국어, 현대 미술 등의 수업을 들어보자. 동료 학생들과 교류할 기회가 있는 강좌를 찾아보라.

(8) 고등학교나 대학 동창회에 가입한다

대학에서 주최하는 강의나 와인 시음회, 여행을 통해 옛 친구들을 만날 수 있다. 한때 매우 뜨거웠지만 헤어졌다가 지금은 이혼해서 자유의 몸이 된 옛 연인을 만나게 될 수도 있다. 비슷한 관심사와 학창 시절을 함께 보냈다는 동질감이 있는 새로운 친구를 사귈 수도 있다. 동창회에서는 정기 간행물 외에 인터넷상에도 행사를 공지한다.

(9) 여행, 스포츠, 정치, 음악 등 각종 동호회에 가입한다

자신의 취미를 적극적으로 활용하자. 테니스, 볼링, 골프, 활강이나 크로스컨트리 스키, 댄스, 래프팅 등 자신이 좋아하는 스포츠 동호회에 가입해보자. 전화번호부, 지역 신문, 인터넷을 뒤져 근처 대학이나 문화센터, 마을회관, YMCA, 박물관에서 열리는 수업이나 행사가 있는지 확인하라. 혼자든 친구와 함께든 음악회, 저자 강연회, 박물관, 도보 여행, 연극을 찾아다녀라.

(10) 자원 봉사를 한다

좋은 목적을 위해 하는 자원 봉사는 다른 사람뿐만 아니라 자기 자신에게도 도움이 된다. 특별한 사람을 만나지 못해 의기소침해 있거나 이별로 아직 힘들어 하고 있다면 다른 사람들에게 손을 내밀어 도움을 주는 것으로 자신감을 회복할 수 있다. 게다가 의미 있는 활동을 하고 있을 때 주위 사람들과도 의미 있고 편안한 관계를 맺게 되는 경우가 많다. 자신처럼 다정하고 관대한 사람을 만나게 될지도 모르는 것이다.

(11) 슈퍼마켓도 독신들의 집합소가 될 수 있다

각 도시에는 독신을 만나기 쉬운 곳으로 유명한 슈퍼마켓들이 있다. 독신들은 조만간 슈퍼마켓으로 장을 보러 가기 바란다. 독신자들의 천국은 아니지만 동네 가게에서도 데이트 상대가 있는지 주의 깊게 살펴보자.

(12) 술집도 괜찮지만 이상적이지는 않다

많은 사람이 술집에서 사람을 만나기는 하지만 술집은 사람을 만나기에 좋은 장소는 아니다. 우선 조명이 어두워서 상대를 잘 볼 수가 없다. 두 번째는 시끄러운 주위 환경 때문에 대화를 통해 상대에 대해 많이 알아볼 수가 없다. 또한 지나치게 유쾌한 분위기 탓에 두 사람 모두 자신을 솔직히 드러내기도 쉽지 않다.

(13) 급격한 변화를 고려해보라

자신에게 맞는 사람을 만나기 위해서는 때때로 급격한 변화가 필요하기도 하다. 사는 곳을 바꾸거나 직업 또는 직장을 바꾸는 것이 될 수도 있다. 그렇게 변화가 생길 때마다 당신은 새로운 관점과 새로운 목표, 새로운 환경을 얻게 될 것이며, 그런 결정을 내려 본 경험 덕분에 다른 결정들도 쉽게 내릴 수 있게 될 것이다. 대담한 결정이 필요한 일이지만 어쩌면 바로 그것이 당신에게 필요한 일인지 모른다.

그웬돌린은 성공한 광고 회사의 중역으로 고향인 시카고에서 살고 있었다. 6년 동안 사귄 사람이 있었지만 그녀는 그와의 관계에서 의미를 찾을 수가 없었다. 어느 날 그녀는 어머니에게 말했다. "난 늘 소아과 의사가 되고 싶었는데. 그러지 못해서 정말 유감이에요." 그러자 어머니가 말했다. "지금 해보는 게 어떠니?" "하지만 엄마, 난 스물일곱 살이에요. 의과대를 졸업할 때면 서른다섯 살이 된다고요." 그녀의 말에 어머니는 이렇게 대답했다. "뭘 해도 결국은 서른다섯 살이 될 텐데, 의과 대학에 가서 정말 원하는 게 되는 게 어떠니?"

의과대학에 간 그웬은 완전히 달라진 환경에서 데이트를 하기 시작했다. 그리고 동료를 통해 시카고와는 전혀 다른 지역에서 온 매력적인 남자를 만났다. 그들은 몇 달 후 약혼을 했고 곧 결혼해서 그웬이 의과대를 마치기 전에 첫째 아이를 낳았다. 그리고 그녀가 레지던트를 마치기 바로 전에 둘째 아이를 낳았다. 남편은 그동안 그녀의 가장 큰 후원자가 되어주었다.

이 모든 것은 인생과 환경에 대한 급격한 태도 변화가 없었더라면 불가능했을 일이었다.

자신에게 맞는 사람을 만나기 위해서는 때때로 급격한 변화가 필요하기도 하다. 대담한 결정이 필요한 일이지만 어쩌면 바로 그것이 당신에게 필요한 일인지 모른다.

두 번째 결혼이라면
이번에는 어떻게 달라질 것인가?

자신에게(그리고 아이가 있다면 아이에게도) 맞는 상대를 선택한다면 재
혼도 더없이 행복할 수 있다.

첫 결혼을 실패로 이끌었던 실수를 피한다면 재혼하는 사람들도 행복
해질 확률이 아주 높아진다. 통계에 낙담할 필요는 없다. 재혼의 이혼율
이 초혼의 이혼율보다 높다는 것은 널리 알려진 사실이지만 당신이 그 경
우에 해당되리라는 법은 없지 않은가?

우리는 인터뷰 대상 중에 첫 결혼에는 실패했지만 재혼으로 정말 행복
하게 살고 있는 사람들이 얼마나 많은지 발견하고 아주 놀랐다. 우리는
이런 말을 자주 들었다. "재혼으로 인생이 완전히 바뀌었어요. 내가 이렇
게 행복해질 수 있는지 미처 몰랐답니다."

자신에게(그리고 아이가 있다면 아이에게도) 맞는 상대를 선택한다면 재혼
도 더없이 행복할 수 있다. 하지만 어떻게 하면 자기 자신을 보호하면서
더 나은 결정을 내릴 수 있을까?

우선, 그 전의 결혼이나 관계에서 무엇이 잘못되었는지 충분한 시간을
두고 천천히 분석하라. 처음 머리에 떠오른 생각에 그치지 말고, 상대를
비난하는 것으로 끝내지 말라.

모든 관계에는 두 사람이 존재한다. 자신의 어떤 행동, 반응, 성격이 그

관계를 푸는 데 도움이 되었을지 생각해보라. 변해야 한다면 필요한 도움을 얻어라. 상담을 받아도 좋고, 변하기 위해 혼자서 힘과 노력을 기울여도 좋다.

엘렌과 에반은 처음 만나자마자 열렬한 사랑에 빠져 성격 차이의 중요성을 무시했다. 엘렌은 말한다.

"돌이켜보면 난 독불장군이었던 것 같아요. 친구들은 우리를 '허니해줘'라고 불렀죠. 내가 늘 '허니, 이거 해줘, 허니, 저거 해줘'라는 말을 달고 살았거든요.

열일곱 살 때 어머니가 돌아가셨어요. 그래서 전 독립심을 배웠고 뭐든지 혼자 알아서 하는 데 익숙해졌죠. 난 내 아파트를 마련하고 남동생을 돌보고 돈을 벌었어요. 반면에 에반은 한 번도 혼자 살아본 적이 없었죠. 그이는 우리가 결혼할 때까지 아버지와 같이 살다가 결혼해서 내 아파트로 들어왔어요.

20년 후, 에반은 나에게 치를 떨며 나가버렸죠. 난 엄청난 충격을 받았고요. 거의 일 년을 꼬박 울면서 지냈죠.

그러던 어느 날 해리를 만났어요. 난 해리가 나와 오래 갈 수 있는 남자라는 걸 금방 알 수 있었어요. 그게 좋았어요. 동시에 그이는 내게 다정했고 날 존중해줬어요. 우린 벌써 20년째 행복하게 살고 있어요."

이전 관계에서와는 다른 두 사람만의 새로운 일상과 의식을 만들어라.

새로운 곳에서 살거나 직장을 바꾸는 것도 고려해보라. 첫 번째 결혼의 문제가 상대의 성격적 특성이나 행동에 일부 원인이 있었다면 새로운 상대의 행동과 감정 상태를 면밀히 주시하라. 예컨대, '강한' 사람을 원한다고 생각했는데 알고 보니 당신이 끌린 그 강인함이 타인을 통제하고 지배하려는 성격이었다는 것으로 밝혀졌다면 다음 상대는 반드시 당신을 존중하는 사람이어야 한다. 지난번 상대가 바람을 피웠다면 새로운 상대에게 당신이 원하는 결혼 생활에서는 그런 행동을 용납할 수 없다는 점을 분명히 밝혀야 한다.

도리스는 두 번째 결혼에서 중요한 변화를 몇 가지 이루어냈다.

"전 아주 성공한 남자와 결혼했었어요. 그는 모든 생활을 자기가 원하는 대로 통제해야 한다고 생각하는 사람이었죠. 아이들이 고등학교를 마치고 나서 우리는 이혼했어요. 하지만 결과적으로 나에겐 더 없이 좋은 일이었어요. 몇 년 후에 난 조엘과 만났고, 그 덕분에 내 인생은 달라졌어요. 그이는 날 존중하고 높이 평가해줘요. 그건 저도 마찬가지고요. 남편은 내가 성장할 수 있는 자유를 줬어요. 그리고 내게 있는지도 몰랐던 재능을 개발하라고 격려해줬죠. 난 예술가가 되었고, 화랑에서 전시도 했어요. 같이 있으면서 그의 인생도 변했어요. 우리는 함께 결정을 내리고 많은 취미를 공유해요. 이렇게 행복해질 수 있는지 전에는 미처 몰랐죠."

가볍게 데이트하는 상대라면 언제쯤 진지해져야 하는가?

특별한 누군가와 처음 몇 주 혹은 몇 달 동안 가벼운 데이트를 하며 좋았다면, 스스로 이런 질문을 해보자. 이제 진지한 만남을 생각할 때가 되었다. 그것은 무슨 의미인가?

진지한 데이트를 한다고 해서 반드시 결혼할 준비가 되어야 한다는 뜻은 아니다. 그보다는 마음 속 어딘가에서 그 사람과 결혼할 가능성을 배제하지 않고, 두 사람의 관계가 어디로 향하게 될지 알고 싶어 한다는 의미이다.

현실적인 기대를 품어라. 절대 자신이 원하는 것을 100% 다 가질 수는 없다. 하지만 그중에서 절대 없으면 안 되는 것이 무엇인지 분명히 알아야 한다.

(1) 첫 단계는 독점적 데이트

가벼운 데이트에서 진지한 데이트로 넘어갈 준비가 되었는지를 알려주는 징후는 간단하다. 다른 사람과는 데이트를 하고 싶지 않기 때문에 두 사람 모두 지금의 상대하고만 만나는 것이다. 처음에는 무의식적인 결정일지도 모른다. 그러면서 관계는 자연스럽게 진화한다. 두 사람 모두 서로 만나는 것이 행복하고, 헤어지면 안타깝기 때문에 다른 사람을 만나는 데는 전혀 관심이 없다.

그러다 어느 시점에 이르면 두 사람 모두 지금의 관계에 푹 빠져서 다른 사람과는 데이트를 하지 않는다는 사실을 깨닫게 된다. 그런 관계를 깨닫고 독점적 데이트를 의식적으로 받아들일 때 두 사람은 진지한 데이트를 하고 있는 것이다.

한동안 한 사람하고만 데이트를 하고 있다면 이번에는 이런 질문을 자신에게 던지게 될 것이다. 이 관계는 어디로 향하고 있는가? 이 사람이 정말 나와 맞는 사람인지 어떻게 알 수 있는가? 계속 이렇게 만날 정도로 우리는 잘 맞는 것일까, 아니면 그저 즐거운 시간을 보내기 위해서일까? 아직 '사랑'이라는 감정이 조금 버겁게 느껴지고 열정 때문에 판단력이 흐려진 것일지도 모른다는 두려움이 든다면, 이 사람이 정말 자신과 맞는 사람인지 좀 더 객관적인 평가를 받고 싶을 것이다.

그럴 때는 이 장의 초반부에 작성했던 '상대에게 바라는 자질 평가표'를 기억하자. 지금의 상대가 자신의 이상형에 얼마나 부합하는지 알아보기 위해 한 번 더 평가표가 보고 싶어질 것이다. 지금은 그 평가 순위에 변화가 생겼을 수도 있다.

현실적인 기대를 품어라. 절대 자신이 원하는 것을 100% 다 가질 수는 없다. 하지만 그중에서 절대로 없으면 안 되는 것이 무엇인지 분명히 알아야 한다. '없으면 안 되는 필수 요소'로 평가한 자질들을 살펴보라. 그리고 당신의 상대가 그런 점에서 어떤지 살펴보라. 서로에게 성적으로 이끌려야 하고, 섹스는 두 사람 모두 즐길 수 있어야 한다. 만약 그렇지 않다면 만족스러운 섹스가 되도록 두 사람이 함께 노력해야 한다. 행복한 결혼 생활에서 섹스는 중요한 부분이기 때문이다.

만약 지금의 관계가 당신이 바라는 '이상적인' 것이 아닌데도 결혼을 진지하게 생각하고 있다면 이제는 중요한 결정을 내려야 한다. 그럭저럭 '만족스러운' 상대와 계속 데이트를 하면서 최고의 짝을 찾기보다는 그 저 안전한 관계에 안주하고 있다는 사실을 자각하거나, 그 관계에 안주하지 않겠다고 결정할 수 있다. 그렇다면 용기를 내서 지금의 상대와 헤어져라. 그리고 그 관계에 쏟을 시간과 에너지를 자신을 평생 행복하게 만들어줄 사람을 찾는 데 돌려라.

하지만 완벽한 사람은 없다. 그러므로 불가능한 것은 기대하지 마라. 만약 두 사람이 모두 행복하고 원하는 것이 무엇인지 분명히 알고 있다면 긴장을 풀고 한숨 돌려라. 그리고 자신이 특별한 짝을 찾아 올바른 방향으로 가고 있다는 것을 믿어라.

(2) 혼전 동거에 대한 결정

만능 해법은 아니지만, 조사에 따르면 결혼하기 전에 한 1, 2년 정도 진지하게 데이트한 커플이 아주 짧은 기간 데이트를 한 커플보다 결혼생활을 더 오래 지속할 확률이 높다고 한다. 몇 년에 걸쳐 많은 사람과 데이트를 해보았다면 평생의 배우자가 될 사람에게 무엇을 원하는지 생각이 훨씬 분명해질 수 있다.

우리는 우리 부부의 사례처럼 고작 몇 주 데이트를 하고 나서 '이상적인 짝'을 찾았다고 생각해 재빨리 결혼까지 해치우고 오랫동안 행복하게 사는 부부들을 알고 있다. 하지만 그렇게 했다가 이혼으로 끝난 사람들도 많이 알고 있다.

인생사 대부분이 그렇듯이 이때 가장 중요한 것은 뛰어난 판단력이다. 두 사람이 얼마나 잘 맞는지 알아보려면 적당한 — 너무 길지도 짧지도 않은 — 기간 데이트를 해보는 것이 가장 좋은 방법이다. 그러고 나서 두 사람 모두 상대방이 자신에게 맞는 짝이라고 완전히 확신한다면, 그때 약혼을 하거나 동거를 생각해볼 수 있다. 결혼 전에 동거하는 커플의 비율은 40년 전에는 10%였는데 오늘날에는 거의 60%에 이른다.

(3) 동거에 대한 올바른 태도

진지한 관계로 접어든 후 동거를 결정했다면, 이는 유명한 인류학자 마거릿 미드의 말처럼 '시험 결혼' 단계라고 말할 수 있다. 이 시기는 같은 집에서 지내며 서로를 부양하고 함께 문제를 해결하며 어느 때보다 서로를 더 잘 알게 되고 평생 지속될 관계를 위해 준비하는 때이다. 새로운 단계로 접어든 관계를 얼마나 잘 보내느냐에 따라 두 사람이 함께하는 인생의 바탕이 마련된다. 그리고 이 단계를 잘 보내면 행복한 결혼 생활의 기반이 될 수 있다. 함께하는 생활이 별로인지 아닌지 역시 이 시험 시기를 통해 알 수 있을 것이다. 이 동거 기간을 최대한 활용하려면 올바른 이유로 동거를 시작해야 한다.

- 두 사람 다 서로 사랑하고 영원히 함께 있고 싶다고 생각하지만 함께하는 생활이 어떤지 미리 경험해보고 서로의 습관과 라이프스타일에 얼마나 편하게 적응할 수 있는지 먼저 알아보고 싶다.
- 중요한 문제, 즉 핵심 사항 여섯 가지 — 종교, 돈, 섹스, 자녀, 여가시간, 허용 가능한 행동 — 에 대해 합의하고 싶다. 동거를 하면 이런 문제들에 대해 깊은 이야기를 나눌 수 있는 시간과 공간이 생긴다.

목적 있는 데이트를 통해 자신과 맞는 상대를 발견했을 때, 당신은 그 사람을 사랑한다는 감정뿐만 아니라 그 사람으로부터 사랑받는다는 느낌도 받게 될 것이다. 그리고 평생 즐거움을 가져다줄 기반이 튼튼하고 깊은 사랑을 발견하게 될 것이다.

(4) 동거 이유로 부적절한 경우

하지만 그른 이유로 동거를 생각하고 있지는 않은지 주의하라. 실용적이고 편리해 보인다는 이유로 동거를 시작할 수 있다. 함께 사는 것이 즐겁고 신나고 안전해 보일지 모르지만 실제로는 동거 때문에 '진짜'를 발견하지 못할 수도 있다. 다음 중 한 가지라도 해당하는 사항이 있다면 동거를 다시 생각해보아야 한다.

① 완벽하지 않다는 건 알지만 다시 데이트만 하는 시절로 돌아가는 건 싫다.

용납해선 안 되는 상대의 결점 14가지

관계가 진지해질수록 장기적인 관계에서 심각한 문제를 초래할 수 있는 문제 행동과 감정 문제에 주의를 기울여야 한다. 상대가 아무리 매력적이고, 절절하게 사랑에 빠져 있다 해도 상대의 품성과 두 사람 사이에 존재하는 문제를 간과해서는 안 된다. 다음과 같은 행동들은 절대로 용납할 수 없다.

① 알코올, 약물, 도박 등에 중독되어 있거나 정도가 심하다.
② 상대를 통제하거나 괴롭히는 경향이 있다.
③ 정직하지 못하고 거짓말을 한다.
④ 경멸감과 자만심을 보이며, 전반적으로 상대를 존중하려는 태도가 부족하다.
⑤ 감정을 잘 드러내지 않는다.
⑥ 분노가 과도하거나 폭발적이다.
⑦ 극단적인 방어심이나 부인하는 태도로 개방적인 논의를 차단한다.
⑧ 비판적, 비하적, 모욕적인 언사가 잦다.
⑨ 외도를 저지른다.
⑩ 참을성이 없고, 지나치게 완고하다.
⑪ 게으르고 해야 할 일을 하지 않는다.
⑫ 무례하고 매너가 없다.
⑬ 이기적이다. 다정함, 친절, 지지를 보여주지 않는다.
⑭ 폭력적인 행동을 하고, 폭력적인 말을 쓴다.

타협하지 말라. 이런 특성들이 있다면 **결혼 전에 해결해야 한다.** 동거와 결혼으로 바뀌는 건 없기 때문이다. 이런 행동 장애가 있는 사람을 바꿀 수 있는 것은 오직 그 사람 자신뿐이다. 지금은 타협할 때가 아니다. 치료를 받거나 문제 행동을 해결하기 위해 커플 상담이나 그룹 상담에 참가하지 않는다면 두 사람의 관계는 더욱 문제를 향해 나아갈 뿐이다. 자신의 걱정이 정당한지 확신이 들지 않는다면 용인 가능한 행동에 대해 좀 더 깊이 있게 다루는 advice 4 '핵심 사항 여섯 가지에 합의하라'(106쪽)를 참고하기 바란다. 전문가와 상의해보는 것도 좋다.

② 집세가 절약될 것이다. 그리고 더 이상 혼자 살지 않아도 된다.

③ 같이 있는 게 좋지만 아직 결혼으로 뛰어들 준비는 되지 않았다.

④ 상대가 동거하는 것이 좋다고 생각하므로 그 사람의 감정을 상하게
   하고 싶지 않다.

⑤ 다 괜찮은 것 같지만, 이 관계를 '영원한 것'으로 만들기 전에 문제
   가 될 수 있는 행동 몇 가지에 대해 좀 더 자세히 살펴보고 싶다.

⑥ 새로운 사람과 처음부터 다시 시작하고 싶지 않다. 같이 살면서 어
   떤지 알아보면 되겠지.

⑦ 오랫동안 만났으니까 이젠 다음 단계로 나갈 때가 되었다. 안 그러
   면 관계가 절대로 발전하지 않을 테니까.

⑧ 같이 살면 그 사람도 변할지 모른다.

목적 있는 데이트를 통해 자신과 맞는 상대를 발견했을 때, 당신은 그
사람을 사랑한다는 감정뿐만 아니라 그 사람으로부터 사랑받는다는 느낌
도 받게 될 것이다. 그리고 평생 즐거움을 가져다줄 기반이 튼튼하고 깊
은 사랑을 발견하게 될 것이다.

사랑의 진정성 테스트

다음은 지금의 관계를 다음 단계로 진행시켜야 할지를 알아보는 지표들이다.

① 함께 있으면 행복하고, 지금의 상대가 배우자감이라고 확신하는가?

만약 그렇다면 축하한다. 하지만 이렇게 생각하지 않는다면 새로운 상대를 찾아야 할지도 모른다. 물론 그러려면 용기와 노력이 필요하다. 하지만 이 평범한 관계를 유지하기 위해 시간을 쏟는다면 진짜 멋진 평생의 배우자를 찾기 위한 에너지와 관심을 빼앗긴다는 사실을 명심하라.

② 함께 있으면 즐겁고, 매우 편안하며 두 사람이 진실로 사랑하고 있다고 확신하는가?

만약 그렇다면 멋진 일이다. 하지만 그렇지 않다면 일단은 계속 데이트만 하라. 두 사람이 서로 맞는 상대인지 점검하고 다음과 같이 자문해보라.

나는 이 사람과 있으면 행복한가? 나는 이 사람을 행복하게 해주고 있는가? 문제가 될 수 있는 심각한 행동이나 감정 문제에 대해 생각해본 적은 있었는가? (81쪽의 체크 포인트 참고)

③ 다음에 만날 때까지 기다릴 수가 없는가? 다른 사람과 뭔가를 하는 것보다 둘이서 함께 아무것도 하지 않는 것이 더 나을 것 같은가?

그렇다면 훌륭하다. 그렇지 않다면 계속 데이트를 하면서 어떻게 발전해 나가는지 지켜보라.

이 세 가지 질문에 모두 '그렇다'라고 대답할 수 있고 남은 평생을 상대와 함께 행복하게 살 수 있다고 생각한다면, 두 사람이 서로 맞는 존재일 가능성이 아주 크다. 따라서 다음 단계로 약혼이나 동거를 생각해볼 수 있다

결혼 전에 점검해야 할
필수사항

Starting a Great Relationship

3
사랑과 존중을 우선하라:
서로에게 최고의 모습 이끌어내기

누군가를 깊이 사랑하면 힘을 얻고,
누군가에게 깊이 사랑받으면 용기를 얻는다.
―노자

아주 친한 친구 한 명이 지역 기금 모금 행사에서 연설을 한 적이 있었다. 연설이 끝난 후 친구는 50년 넘게 행복한 결혼 생활을 하고 있는 비결이 무엇이라고 생각하느냐는 질문에 이렇게 말했다. "사랑과 존경, 바로 이 두 가지에요."

그렇다. 친구의 결혼 생활이 50년 넘게 지속된 이유는 그녀와 남편이 서로를 사랑하고 존경할 뿐만 아니라 그것을 서로에게 표현한다는 것이다. 크고 작게, 매일.

오랫동안 지속되는 관계를 원한다면, 서로의 차이점이 아니라 공통점에, 그리고 비판하고 싶은 점이 아니라 서로에 대해 높이 평가하는 점에 집중해야 한다. 상대방의 어떤 점이 좋은지 생각해보고, 그것을 상대에게 말하라. 또한 서로 존경하는 사람이 될 수 있도록 격려하라. 서로에게서 최고의 모습을 끌어내라. 그리고 함께 있어서 얼마나 좋은지 이야기하라.

결혼 8년차인 캐서린과 로저는 둘 다 재혼으로, 지금이 첫 결혼 때보다 훨씬 행복하다.

"첫 결혼에서는 상대를 존경하는 게 관계를 지속하는 데 얼마나 중요한지 몰랐어요. 그런 걸 받아본 적이 없었거든요." 캐서린의 말이다. "하지만 이번 결혼은 아주 달랐죠. 마치 밤과 낮처럼요. 날 존경해주는 사람이 있다는 게 얼마나 기분 좋은 건지 몰랐어요. 그리고 내가 남편을 존경하는 것도요. 난 로저의 다정함이 얼마나 존경스러운지 몰라요."

로저가 이어서 말한다. "난 캐서린의 솜씨가 정말 존경스러워요. 그리고 아내는 지적인 사람이라 나는 그녀의 생각도 존경해요. 아내는 요리 솜씨도 뛰어나고, 아주 조직적인 사람이에요." 그러면서 로저는 덧붙인다. "첫 번째 결혼은 전혀 달랐죠."

오랫동안 지속되는 관계를 원한다면, 서로의 차이점이 아니라 공통점에, 그리고 비판하고 싶은 점이 아니라 서로에 대해 높이 평가하는 점에 집중해야 한다. 상대방의 어떤 점이 좋은지 생각해보고, 그것을 상대에게 말하라.

애정 어린 말투를 사용하라

사랑을 쌓아나가는 데는 여러 가지 방법이 있지만 그 시작이 애정 어린 말투라면 관계가 잘못될 일은 없다. 우리는 일상의 자잘한 일에 대해 이야기할 때 애정 어린 말투를 사용하는 것으로 상대의 기분을 좋게 만들 수 있다. "저녁이 아주 맛있었어." "오늘 직장으로 전화해줘서 기뻤어." "어젯밤에는 즐거웠어요. 조만간 또 그런 시간을 가져요." "어제 회의에서 당신이 그 질문들을 처리하는 모습에 모두 얼마나 감탄했는지 몰라요." "당신이 말해준 아이 다루는 법이 효과가 아주 좋았어요."

이야기를 나누고 서로 더 잘 알아갈수록 자신의 속마음과 생각을 솔직하게 말하는 것만큼 상대의 이야기에 귀를 기울이는 것 역시 중요한 존경의 표현이라는 것을 잊지 말라. 위대한 신학자 폴 틸리히의 말처럼 '사랑의 첫 번째 임무는 귀를 기울이는 것'이다.

존경심을 보여라

조언을 청하는 것만큼 상대의 견해에 존경심을 보여주는 것은 없다. 그리고 가능하면 그 조언에 귀를 기울여라. 간접적인 접근법도 효과가 있다. 문제가 생겼을 때 섣불리 끼어들거나 묻지도 않은 충고를 건네려 하지 말고, 상대가 자신의 방식으로 일을 처리하도록 놔두는 것이다. 나보다는 상대가 더 심각하게 생각하는 문제가 있다면, 더 좋은 방법이 있다하더라도 그 문제에 대해 상대가 스스로 결정을 내리게 하라.

조언을 청하는 것만큼 상대의 견해에 존경심을 보여주는 것은 없다. 그리고 가능하면 그 조언에 귀를 기울여라.

상대가 잘하는 일이 무엇인지, 혹은 그 사람과 함께일 때 당신이 잘하는 일이 무엇인지 생각해보라. 정말로 존경심을 보여주고 싶다면 그 사람이 잘한 일에 대해 다른 사람들에게 이야기하라. 그 사람이 당신뿐만 아니라 모든 사람의 존경을 받을 자격이 있다고 생각한다는 것을 보여주는 것이다.

고마움을 표현하라

사랑이 가득한 관계를 만들고 싶다면 두 사람이 서로를 돕기 위해 행한 아주 사소한 일들까지도 알아차리려는 노력이 필요하다. 그리고 고마움을 표시하라. 아주 작은 일에도 마찬가지이다. 그것은 당신의 사랑을 표현하는 또 다른 방식이다. 서로 별것 아닌 친절한 행동에까지 고마움을 표현하다보면 두 사람은 거듭, 거듭 사랑에 빠지는 자신을 발견하게 될 것이다.

친절과 이해심을 보여라

행복한 부부들은 세상 사람들에게만이 아니라 서로에게도 친절을 베푸는 것이 중요하다고 말한다. 대개 아주 사소한 일이 중요할 때가 많다.

"몇 주 전, 아내와 제일 친한 친구가 갑자기 병원에 입원한 일이 있었어요." 결혼 9년차인 에드워드의 말이다. "그래서 난 아내한테 그랬죠. '친구한테 가 봐요. 내가 휴가를 내고 집에서 아기를 돌 볼 테니까.' 아내한테는 아주 큰일이었거든요."

이런 태도는 더 큰 문제에도 적용된다.

"남편이 십 년 동안 다니던 회사를 그만둔 적이 있었어요." 샤론의 말이다. "남편은 우리 재정상태 때문에 어쩔 줄 몰라 하더군요. 그래서 함께 앉아 이야기를 나누면서 내가 그랬어요. '여보, 아무 직장이나 잡지 말아요. 잘 헤쳐 나갈 수 있어요. 당신이 진짜 원하는 직장을 찾을 때까지 난 한동안 잔업을 해도 괜찮아요.'"

상대방의 입장이 되어보라. 상대가 뭔가에 곤란을 겪고 있거나 마음이 상해 있다면 입을 열게 만들어 그 이유가 무엇인지 알아내라. 상대에게 ─ 그리고 두 사람 모두에게 ─ 중요한 일에 대해 이야기할 시간을 만들어라. 그리고 공감을 표현하라. 문제의 책임이 상대방에게 있다는 생각이 들어도 '이 사람이 무엇을 잘못했고, 그것을 만회하려면 어떻게 해야 할 것인가?'를 따지지 말고 싱황을 개선하기 위해 나 자신이 어떻게 해야 하는지를 생각하라. "사랑받고 싶으면 먼저 사랑하고 사랑스러워져라."라는 벤저민 프랭클린의 말을 기억하라.

상대를 먼저 생각하라

상대에게 제일 좋은 게 무엇인지 먼저 생각하는 습관을 들여라. 말처럼 어려운 일은 아니다. 중요한 결정을 내려야 할 때마다 이렇게 자문해 보라. '그 사람은 이 결정에 대해 어떻게 생각할까? 이 결정이 그 사람에게도 좋을까?' 결정 과정에 최대한 상대방을 포함시켜라.

> 중요한 결정을 내려야 할 때마다 이렇게 자문해보라. '그 사람은 이 결정에 대해 어떻게 생각할까? 이 결정이 그 사람에게도 좋을까?'

서로의 필요와 욕구에 민감하게 반응할 때 서로에게서 최고의 모습을 끌어낼 수 있으며, 자신의 욕구를 희생하지 않고도 서로에게 필요한 것을 제공할 수 있다.

헨리와 질리안은 결혼 10년째 되던 해에 큰 아파트로 이사 가기로 했다. 방이 두 개 더 있어서 개인 사무실로 사용할 수 있는 아파트였다.

"누가 더 큰 사무실을 사용할 것인가를 두고 끝없는 논쟁이 벌어졌죠." 헨리는 말한다. "결국 내가 이겨서 질리안이 내가 원하는 대로 하기로 했어요. 그래서 내가 작은 사무실을 썼죠."

스킨십을 자주하라

섹스를 할 의도가 없을 때도 애정 어린 손길로 서로를 자주 만져라. 안아주고 만져줘야 건강하게 잘 자라는 아기처럼 커플도 연인 관계나 결혼 생활이 원만하려면 육체적인 애정이 필요하다. 육체적인 접촉은 헤어져 있을 때 전화나 이메일로 연락을 주고받는 것만큼 중요하다.

적어도 일주일에 한 번은 날을 잡아서 단 둘이 외출하라. 로맨틱한 저녁 식사를 하고, 춤을 추러 가고, 극장을 가든 조용히 이야기를 하고 교감할 수 있는 장소를 찾아가라. 기대감에 부풀어 휴가 계획을 세우는 과정이 휴가 자체만큼 재미있게 만들어라. 매일 함께 있다는 것을 축하하라.

포옹과 키스와 애무를 아끼지 말라. 결혼했다고 사랑하는 방식이 변해서는 안 된다. 뜻밖의 장소에 사랑의 쪽지를 남겨라. 상대가 좋아하는 옷을 입고, 매일 저녁 특별한 의식을 치르듯 잠들기 전에 키스를 하고 서로 가까이 있음을 느껴라.

일상적인 애정을 많이 표현하면 할수록 두 사람은 그로부터 흘러나오는 더 많은 사랑과 약속과 열정을 누리게 될 것이다.

섹스를 영순위에 둬라

섹스는 두 사람에게 모두 영순위가 되어야 한다. 그리고 서로를 기쁘게 만들고 만족시키는 것이 목적이어야 한다. 아직 두 사람 모두 만족하는 섹스를 하지 못하고 있다면 그렇게 될 때까지 애정을 갖고 노력하라. 함께 섹스에 관한 책을 읽고, 도움이 될 만한 비디오를 빌려보고, 섹스의 즐거움을 키워줄 강의나 수련회에 참여해보자. 자신이 무엇을 원하는지 상냥하게 이야기하고, 상대가 원하는 것에 귀를 기울여라. 서로를 이어주는 이 기분 좋은 사랑의 방식에서 힘을 얻어라. 사무엘 존슨의 말처럼 "결혼에는 많은 고통이 따르지만, 독신에는 아무런 즐거움도 없다."

결혼 32년차인 해리와 조이스는 세월이 갈수록 섹스가 점점 좋아졌다고 말한다. "이젠 무엇이 아내를 흥분시키는지, 아내가 무엇을 원하는지 알아요." 해리가 말한다. "뭔가 해보려고 더 적극적이던 젊은 시절보다 지금이 더 편안한 것 같아요." 조이스의 말이다. "아마 그래서 섹스가 훨씬 더 즐거워진 것 같고요."

둘만의 사랑 방정식을 만들어라

인간은 약속으로 자신을 정의한다. 약속은 우리의 일부분이며 우리가 보는 자신의 모습이다. 커플로서 필요한 변화에 적응해 나가는 동안 — 특히 동거나 결혼 초기 단계일 때 — 약속이 주는 안정감으로부터 만족을 찾아라.

두 사람만의 의식을 새로 만들어라. 저녁 식탁에 촛불을 켜고, 둘만의 애칭을 부르고, 커피를 만들어와 서로에게 자신이 좋아하는 소설이나 시집을 읽어주고, 일요일에는 침대에서 아침을 먹고, 그 두 시간 동안에는 집안일이나 어떤 종류의 문제에 대해서도 꺼내지 않기로 합의하라. 함께 하는 의식은 연대감을 만들고 두 사람을 더 가깝게 이어준다.

서로의 생활에 대해 아는 것도 중요하다. 아침에 급히 나가기 전에 적어도 그날 하려는 일 중 한 가지에 대해서는 반드시 상대에게 이야기해주어 두 사람이 떨어져 있어도 서로 연결되어 있다는 느낌을 받을 수 있도록 하라. 저녁에 돌아오면 그 일이 어떻게 되었는지 알아보라. 이렇게 함으로써 당신이 상대의 생활에 관심이 있다는 것을 알려주는 동시에 저녁 식탁의 흥미로운 이야깃거리도 마련된다.

"우리는 아침마다 돌아가면서 차와 토스트를 만들어요." 피터와 사라의 이야기이다. 그들은 시카고에서 만나 지금은 덴버에 살고 있다. "어머니에게 우리의 이런 아침 의식을 말씀드렸더니 이러시더군요. '근사하구나. 그런데 얼마나 오래 가려나?' 하지만 30년이 지난 지금도 여전히 그러고 있는 걸요."

가끔 함께할 수 있는 작은 일들을 찾아보라. 함께 빨래를 개거나 침대를 정돈해보라. 각자 따로 하는 게 더 효율적일 수도 있지만 이렇게 함께 하다보면 자신들이 이제 한 팀이라는 것을 상기하게 된다.

"우린 거의 매일 아침 함께 침대를 정돈하죠." 알란이 말한다. "전 언제나 그녀 쪽으로 이불을 좀 더 주려고 한답니다. 편안하게 자라고요." 그러자 실비아가 덧붙인다. "저도 그래요. 그러다 보면 우리가 서로를 얼마나 생각하는지 다시 알 수 있게 되죠."

정직으로 신뢰와 존경을 쌓아라

서로 정직해야 한다. 신뢰를 쌓고 존경을 보여주는 방법이기 때문이다. 진실을 말하고 약속을 지키겠다는 상대의 말을 믿을 수 있어야 한다.

예컨대, 직장에서 뭔가 잘못된 일이 생겼을 경우 흔히 "다 괜찮아."라고 말한다. 하지만 이런 정직하지 못한 태도는 자신과 상대에게 폐를 끼치는 일이다. 사실대로 말하는 데 용기가 필요하더라도 솔직하게 터놓고 얘기해야 한다.

재치 있는 사람이 되어라

정직이 최상의 정책이지만 그에 못지않게 중요한 것이 재치이다. 살다 보면 판단을 유보하거나 적어도 입을 다무는 게 나은 민감한 분야들이 있다. 몸무게, 생일 선물, 어려운 친척을 다루는 문제, 모두가 기대한 만큼 늘 맛있지만은 않은 새로운 저녁 메뉴들은 당신이 조심성과 재치를 발휘해야 할 흔한 주제들이다.

공손함도 중요하다. 많은 신혼부부가 서로 더 가깝게 느끼고 점점 편해지기 시작하면서 예의를 갖추지 않는 경향이 있는데, 행복한 커플들은 그것을 실수라고 말한다. 공손함은 빡빡하거나 형식적으로 군다는 뜻이 아니라 그와 반대로 상대를 얼마나 아끼고 존경하는지를 보여주는 것이다. 예의를 지키면 두 사람 사이는 더욱 가까워질 뿐이다.

서로에게 성실하라

서로를 완전히 믿을 수 있어야 한다. 행복한 커플들은 절대 상대에게 사랑에 대한 불안감을 주고 싶지 않다고 말한다. 그들은 사랑하는 사람이 자신의 성실성을 의심하게 하는 행동은 절대로 하지 않는다. 서로가 성실하다고 믿을 수 없다면 그 밖의 어떤 것에 대해서도 서로를 믿기 어렵다.

성실성은 행동이자 태도이다. 성실하다는 것은 "당신을 사랑합니다. 나는 반드시 지킬 약속을 했습니다. 혹시 다가올지도 모르는 유혹을 멀리하겠습니다."라고 말하는 또 하나의 방식이다. 성실한 것만으로는 부족하다. 성실하지 않아 보일 수 있는 어떤 인상도 주어서는 안 된다. 이 말은 절대 다른 사람에게 이성으로서 관심이 있는 것처럼 행동해서는 안 된다는 뜻이다. 그리고 공공연하게나 은밀하게나 상대가 보지 않기를 바라거나, 몰랐으면 하는 행동을 해서는 안 된다.

> 성실하다는 것은 "당신을 사랑합니다. 나는 반드시 지킬 약속을 했습니다. 혹시 다가올지도 모르는 유혹을 멀리 하겠습니다."라고 말하는 또 하나의 방식이다. 공공연하게나 은밀하게나 상대가 보지 않기를 바라거나, 몰랐으면 하는 행동을 해서는 안 된다.

긍정적인 사람이 되어라

　긍정적인 시선으로 세상을 바라보는 것은 성격인 동시에 습관의 문제이다. 자신이 낙천적이라고 생각하지 않는 사람도 단지 생활 습관 몇 가지를 바꾸는 것으로 긍정적인 태도를 익힐 수 있다. 노력할 만한 가치는 충분하다. 긍정적인 태도는 두 사람에게 모두 이익이 될 테니까 말이다.

　두 사람에게 서로 비슷한 점과 함께 공유하는 가치관이 있음을 기뻐하라. 서로의 차이점에 집중하지 말고 두 사람이 어떤 점에서 일치하고 어떤 공통점이 있는지 매일 잊지 말고 생각하라. 잘못될 수 있는 일에 집착하지 말고, 상황을 호전시키기 위해 무엇을 할 수 있는지에 집중하라.

　상대의 성격과 두 사람의 일상적인 상호 작용에서 긍정적인 점을 찾아보라. 그리고 정기적으로 이렇게 찾아낸 긍정적인 점들을 입 밖으로 꺼내 말하라. 비판을 최소화하라. 조사에 따르면 행복한 커플은 서로 상대방에 대해 부정적인 말보다 긍정적인 말을 1대 5의 비율로 훨씬 많이 한다.

　처음에는 자의식 때문에 어색하게 느껴질 수도 있지만 일단 모든 것에서 긍정적인 면을 찾는 습관을 들이고 나면 어떤 차이가 있는지 알게 될 것이다. 이렇게 기분이 좋아지는 요소들을 찾아내다 보면 자신의 기분만 좋아지는 것이 아니라 상대의 사기도 올라간다.

유머를 활용하라

재미있는 이야기를 외우려고 노력할 필요는 없다. 하지만 힘든 상황에서도 유머를 찾아낼 수 있는 마음가짐으로 세상과 두 사람의 관계를 바라본다면 긴장감은 낮아지고 따뜻하고 사랑스러운 감정이 높아진다는 것을 알게 될 것이다. 함께 웃는다는 것은 방어막을 거둬낼 만큼 서로를 신뢰한다는 징표이다. 웃음은 행복한 결혼 생활을 위한 가장 효과적인 사랑의 묘약이다.

서로의 습관과 기질에 유연하게 대처하라

누구에게나 기벽은 있다. 유독 깔끔 떠는 사람, 시간을 더 잘 지키는 사람, 아침형 인간도 있고 저녁형 인간도 있다. 수면 시간도 서로 다를 수 있다. 집에 들여놓을 가구나 자유 시간을 어떻게 보낼지에 대해서도 서로 선호하는 바가 다를 수 있다.

이런 차이들을 언제 터질지 모르는 시한폭탄이라고 생각하지 말고 흥미로운 발견이라고 생각하라. 사소한 습관들은 바뀔 수 있다. 특히 두 사람 모두 상대를 행복하게 해주는 것이 자신의 목적임을 기억한다면 더 쉬울 것이다. 바뀔 수 없는 습관들은 돌아 가면 된다. 치약 뚜껑 문제로 싸우기보다는 서로 다른 치약을 쓰는 것이 훨씬 쉽다. 올바른 태도를 가지면 많은 불화가 이렇듯 쉽게 해결된다.

서로의 잘못에 아량을 베풀어라. 물론 신경에 거슬리는 습관을 고쳐달라고 요구하는 것은 마땅한 일이다. 하지만 당신도 상대를 위해 그럴 준비가 되어 있어야 한다. 당신이 일찍 일어나는 사람이라 해도 연인은 계속 잘 수 있게 배려하라. 상대가 함께 저녁 먹는 것을 중요하게 생각한다면 저녁때에 맞춰 집에 올 수 있도록 더 일찍 출근하라. 인내심을 갖자. 그리고 때에 따라 사소한 것은 그냥 넘기는 법을 배워라.

치약 뚜껑 문제로 싸우기보다는 서로 다른 치약을 쓰는 것이 훨씬 쉽다. 올바른 태도를 가지면 많은 불화가 이렇듯 쉽게 해결된다.

무엇을 하고 싶은지 서로 생각이 다를 때는 두 사람 모두 좋아할 수 있는 새로운 해법을 찾아라. 둘 다 좋아하지 않는 해법을 놓고 타협하려고 들지 말라. 한 사람은 자전거를 타러 가고 싶어 하고, 다른 사람은 텔레비전으로 축구를 보고 싶어 한다면, 뭘 해도 기분이 좋지 않을 것이다. 이럴 때는 제3의 길 — 산책을 간다거나 칵테일 바에 가는 등 두 사람 모두 좋아할 수 있는 완전히 새로운 일 — 을 찾는 것이 나을 때가 많다. 매번 해결책을 찾지 못한다 해도 포기하지 말자. 상대의 기분을 행복하게 해주기 위해 계속 노력하라. 그러면 당신도 행복해질 것이다.

"제리와 난 갈등을 초기에 해소할 수 있는 행복한 해법을 익히고 평생 실천하며 살아왔어요." 릴로는 말한다. "25주년 결혼기념일에 아이들이 값비싼 2인용 자전거를 선물했어요. 우린 자전거를 타보자마자 어디로 갈지 조종도 할 수 없는 뒷자리에는 서로 앉으려 하지 않았죠. 하지만 서로 번갈아가며 뒷자리에 앉는 것도 좋은 해법이 아니라고 생각했어요. 그래봐야 뒷자리에 앉아 있을 때는 두 사람 다 기분이 안 좋을 테니까요.

그래서 우린 그 자전거를 모터 달린 자전거 두 대와 바꿔서 한 대씩 가졌어요. 그리고 나중에 운동이 더 필요하다는 생각이 들자 그걸 다시 산악자전거로 바꿨고요. 그렇게 해서 우린 둘 다 만족할 수 있었죠. 우리 아이들도 마찬가지고요.”

함께 놀 시간을 가져라

함께 놀기 위해서는 우선 서로 만나야 하고, 그러다 보면 함께 있게 된다. 여가 시간이 생기면 두 사람이 모두 좋아하는 것을 함께 하라. 함께 즐길 수 있는 새로운 활동을 찾아보라. 새로운 스포츠를 해본다거나 한 번도 가본 적이 없는 먼 곳으로 떠나는 것도 좋다. 야구를 보거나, 춤을 추러 가거나, 박물관에 가는 등 자신은 좋아하지 않아도 상대가 좋아할 만한 활동을 제안하라.

함께 산책을 하고, 힘을 합쳐 저녁 식사를 만들고, 친구들을 만나고, 서로 붙어 앉아 신문을 읽자. 함께 재미있게 노는 것은 함께 일을 하는 것만큼이나, 아니 어쩌면 훨씬 유대감을 강화시켜준다. 긴장을 풀고 함께 놀다 보면 평생 긴직할 추억도 쌓인다.

서로의 사생활을 존중하라

　독립적인 독신으로 살다가 모든 것을 공유하는 한 쌍이 되고 나면 자유를 잃었다는 기분이 들 수 있다. 하지만 그건 당연한 일이다. 린다는 시카고의 새로운 아파트 임대 계약서에 사인을 하면서 시작된 결혼 첫 해를 이렇게 회상한다. "함께 살면서 가장 힘든 부분은 내가 어디 가는지 누군가에게 늘 알려야 한다는 점이었어요. 이제 더 이상 내 마음대로 왔다 갔다 할 수 있는 자유가 사라졌다는 거죠."

　사생활이 없어졌다는 기분도 들 것이다. 우편물은 더 이상 당신만 볼 수 있는 게 아니고, 전화 메시지도 마찬가지다.

　하지만 아무리 이런 변화들이 힘들게 느껴져도 거기에 적응해 나가는 과정에서 두 사람은 더 가까워지게 된다. 서로의 사생활을 존중하기로 합의하라. 자동응답기에 남겨진 상대의 메시지를 건드리지 말고, 서로의 우편물을 뜯어보지 말라. 하지만 서로에게 비밀을 만들지는 말라. 어떤 메시지였는지, 어떤 소식이었는지 함께 공유하는 것이 좋다. 서로 예의를 지키고, 자신이 원하거나 필요한 것이 무엇인지 말하되 상대를 비판하지 말라. 이런 원칙들은 욕실 문을 열어 놓을 것인지 닫아 놓을 것인지, 세면용품을 놓을 선반은 어떻게 나누어 쓸지 같은 아주 사소한 일에도 적용된다. 이런 작은 조화들은 서로 상대를 얼마나 위하는지 보여줄 수 있는 기회가 된다.

서로 혼자만의 시간을 가져라

"함께 있되 거리를 두어라." 칼릴 지브란의 《예언자》에 나오는 구절이다. 함께하는 것이 중요한 만큼 각자 혼자서 시간을 보낼 수 있는 자유를 누리는 것도 중요하다. 대부분 사람에게는 혼자서 생각하고 일하고 음악을 듣고 책을 읽고 친구와 이야기할 시간이 필요하다. 간단히 말해, 자신을 '재충전'할 시간이 필요하다는 말이다.

상대에게 혼자만의 시간이라는 선물을 선사함으로써 내가 그 사람의 독립성을 믿고 존중한다는 것을 알릴 수 있다. 마니 리즈 크로웰은 《더 나은 삶》에서 이렇게 적었다. "불이 계속 환하게 타오를 수 있게 하는 쉬운 법칙이 하나 있다. 통나무 두 개를 한데 넣고, 숨 쉴 수 있는 공간으로 손가락 넓이만큼 아주 조금 떨어뜨려 놓는 것이다. 좋은 불과 좋은 결혼의 법칙은 같다."

서로의 친구와 가족으로 관계를 확대하라

상대가 사랑하는 사람들까지 사랑하고 존경하려고 노력함으로써 그 사람에게 당신의 사랑과 존경을 보여주어라. 판단하거나 비판하려고 하지 말고 마음을 열고 받아들이려 노력하라. 상대의 친구와 가족을 만나면 상대가 그들에게서 생각하는 긍정적인 면을 찾아 당신에게도 그들이 친구와 가족이 될 수 있도록 하라. 함께 새로운 친구를 사귀어라. 오랜 시간에 걸쳐 피어나는 관계 속에서는 이렇게 확대된 관계들이 결국에는 두 사람에게 중요한 사랑과 지지의 바탕이 될 것이다.

서로의 꿈과 희망에 대해 이야기하라

서로의 희망과 꿈이 무엇인지 이야기하라. 그리고 그 꿈을 향해 노력하는 서로에게 존경과 격려를 보내라.

당신이 그 사람의 현재의 모습과 미래에 되고 싶어 하는 모습에 대해 이해하고 감탄하고 있음을 알려라. 그 사람의 판단을 믿고 있으며, 그 사람이 가진 미래의 꿈을 존경하고 있음을 알려라.

겉으로는 자신만만하고 성공한 것처럼 보이는 사람도 이해받기를 원하며, 자신의 짝이 자신을 아는 데서 그치지 않고 인정해주고 있다는 확신을 얻고 싶어 하기 마련이다.

상대를 화나게 하는 일을 하지 마라

무슨 말인지 잘 알 것이다. 서로 더 많이 알아가면서 우리는 상대방이 무엇을 좋아하고 무엇을 싫어하는지, 무엇이 그 사람의 '뚜껑이 열리게' 하는지 알게 된다. 이성적인 이유로든 그렇지 않은 이유로든 누구에게나 한순간에 뚜껑 열리게 하는 일이 있다. 그것은 상대가 하는 말일 수도 있고, 그 사람이 입는 옷, 어떤 특정한 상황에서 하는 행동일 수도 있다. 지각을 하면 화를 내는지, 주스 통에 입을 대고 마시면 돌아버리는지는 당신이 잘 알고 있을 것이다. 그런 일은 하지 마라.

상대를 화나게 하는 일을 하지 마라.

당신이 할 일은 상대를 행복하게 해주고, 상대도 당신을 행복하게 해줄 수 있도록 하는 것이다. 서로를 화나게 하는 행동은 하지 말자.

무엇을 하든 사랑으로 대하라

가끔은 이렇게 간단하다. 사랑하고 계속해서 사랑하라. 자신이 잘못했을 때는 인정하라. 그리고 상대가 잘못했을 때는 용서하라. 우리 가운데 완벽한 사람이 어디 있겠는가?

행복한 결혼 생활은 운이 좋고 나쁘고의 문제가 아니다. 물론 두 사람은 서로를 만난 게 행운이라고 생각할 수 있지만 말이다. 관계를 유지하는 것은 조심스러운 생각과 관대한 마음과 부단한 노력의 결과물이다. 다행히, 고된 노력은 멋진 결과를 낳을 것이다. 당신의 사랑과 존경, 상냥한 행동은 대단히 만족스러운 친밀감과 즐거움으로 이어질 것이다. 그것은 평생 지속되는 특별한 결혼에서만 얻을 수 있는 것이다.

4

핵심 사항 여섯 가지에 합의하라:
종교, 돈, 섹스, 자녀, 여가 활동, 용인 가능한 행동

❧

서로 마음이 맞는 두 사람이 부부로서 가정을 이루어,
적을 난처하게 하고 친구를 기쁘게 하는 것보다 고귀하고 칭찬할 만한 일은 없다.
–호머, 《오디세이》

사랑하는 두 사람이 종교, 돈, 섹스, 자녀, 여가 활용, 용인 가능한 행동에 대해 '마음이 일치하는지' 여부가 그들이 앞으로 함께할 미래에 얼마나 중요한지 모르는 사람이 많다. 우리가 이 점들을 핵심 사항이라고 부르는 것은 바로 그 때문이다. 이 여섯 가지는 커플들이 진지한 관계의 초기에 반드시 합의해야 하는 필수적인 문제들이다.

만약 지금 새로운 관계를 시작한 사람이라면 위험성을 내포한 주제를 꺼내는 것이 걱정스럽거나 두려울지도 모르겠다. 불편한 화제로 현재의 낙천적이고 조화로운 관계를 깨뜨리지 않고 그대로 유지하고 싶다는 강한 욕구도 있을 것이다. 그리고 그이는 멋진 남자이고, 그녀는 지금껏 만나본 여자들 가운데 가장 흥미로운 사람이라고 믿을 수도 있다.

하지만 이 핵심 사항 여섯 가지는 무시할 수 있는 문제가 아니다. 많은 커플이 잘못 생각하는 것처럼 '저절로' 간단하게 해결되는 문제가 아니기 때문이다. 두 사람 모두 만족할 정도로 각각의 문제에 완전히 합의하지 않고는 결혼 생활은 기반을 단단하게 다지지 못한다.

합의의 목적은 서로의 차이점을 피하기 위해서가 아니다. 서로 다른 인종, 민족, 종교, 사회적 배경 등등은 많은 사람에게 아주 매력적인 특징이 될 수 있다. 당신이 해야 할 일은 서로에게 있을 수 있는 차이점에 대해 이야기를 나누고 결혼 전에 그 차이점들을 어떻게 다룰 것인지 해결하는 것이다.

> 합의의 목적은 서로의 차이점을 피하기 위해서가 아니다. 당신이 해야 할 일은 서로에게 있을 수 있는 차이점에 대해 이야기를 나누고 결혼 전에 그 차이점들을 어떻게 다룰 것인지 해결하는 것이다.

장기적인 관계가 정체되어 있거나 두 사람 사이에 심각한 갈등이 생겼다면 이 여섯 가지 문제를 검토해보는 것이 도움이 될 것이다. 이 문제들에 관해 해결되지 않은 차이점이 지금의 불확실성이나 불행의 원인이 되고 있는지도 모르기 때문이다. 두 사람이 편안한 논의를 할 수 있으려면 구체적인 문제점에 초점을 맞추는 것이 좋다. 그러면 무엇이 문제인지 명확한 그림을 보는 데도 도움이 될 것이다. 관계가 어느 단계에 와 있든 간에 당신은 두 가지 중 한 가지를 선택할 수 있다.

- 문제를 해결하기 위해 계속 노력한다.

  전에 생각해본 적이 없는 새로운 접근법을 찾아라. 상담을 받거나 외부의 도움을 받아라. 서로 합의를 이룰 수 있는지, 두 사람 모두 만족할 수 있을 만큼 행동에 변화가 있는지 지켜보라.

- 헤어진다.

  직감이 이끄는 내면의 목소리를 듣는 게 가장 좋은 방법이다. 어렵겠지만 두 사람이 헤어지고 나면 이 핵심 사항 여섯 가지에 대해 일치되게 생각하는 자신과 맞는 상대를 찾을 새로운 기회가 열릴 것이다.

종교

지금처럼 좁고 역동적인 세상에서 종교가 다른 커플이 많은 것은 놀라운 일은 아니다. 종교가 하는 역할(혹은 하지 않는 역할)이 두 사람이 함께 만들어가는 생활 속에서 충돌을 일으키지 않는 한, 행복한 결혼 생활을 위해 두 사람이 똑같은 종교적 배경을 가질 필요는 없다.

"난 도널드보다 내가 더 신앙심이 깊다고 생각하지만, 그이가 사는 모습을 보면 얼마나 도덕적인지 나보다 더 독실한 종교인처럼 보인답니다." 결혼 13년차인 프랜신은 남편에 대해 이렇게 말한다. 그들은 시청에서 결혼을 하고, 일 년 후 교회에서 다시 식을 올렸다. "남편이 얼마나 존경스러운지 몰라요. 그이는 무엇이 옳고 무엇이 그른지 정확하게 알거든요."

결혼생활 핵심 사항 여섯 가지

1. **종교**: 두 사람의 생활 속에서 종교가 하게 될 역할과 아이가 있을 경우 아이를 어떤 종교 방식으로 키울지에 대해 서로 합의하고, 그 합의에 서로 만족해야 한다.
2. **돈**: 돈을 어떻게 벌고, 모으고, 쓸 것인지 돈 관리에 대해 생각이 같아야 한다.
3. **섹스**: 두 사람 모두 섹스를 즐겨야 하고, 두 사람의 섹스가 중요하고 멋진 것이라고 느껴야 한다. 그리고 더 나은 섹스를 위해 노력할 자세가 되어 있어야 한다.
4. **자녀**: 아이를 낳을 것인지, 언제, 몇 명이나 낳을 것인지, 어디서 어떻게 아이를 키울 것인지, 그리고 아이를 낳을 수 없다면 어떻게 할 것인지 합의해야 한다.
5. **여가 시간 활용**: 함께 있는 시간을 어떻게 보낼 것인지, 두 사람 모두 좋아하는 여가 활동은 무엇이며, 가끔 혼자서 시간을 보낼 때는 어떻게 할 것인지 의논해야 한다.
6. **용인 가능한 행동**: 서로의 행동에 불편함을 느껴서는 안 된다. 어떤 행동이 용인 가능하며 어떤 행동은 그렇지 않은지 합의해야 한다.

종교적 믿음은 그 사람의 정체성에 깊숙이 자리 잡고 있지만 우리는 때때로 그 믿음이 얼마나 강한지 깨닫지 못하기도 한다. 종교 이야기는 관계의 초기 단계에서 일상적인 대화 도중에 나올 만한 주제도, 음식이나 영화 취향 같은 얘기처럼 자주 입에 올리는 주제도 아니다.

많은 사람들이 결혼식의 진행을 누구에게 맡길지, 결혼식을 어디에서 올릴지, 혹은 자식들에게 어떤 종교를 가르칠지 생각하기 전까지 종교적 믿음이 얼마나 중요한지 깨닫지 못한다.

두 사람이 어떤 종교 모임에 함께 참석할 것이냐 말 것이냐의 문제에 합의하는 것과 아이들에게 어떤 종교를 가르칠 것인지 결정하는 것도 서로 다른 문제이다.

다음은 결혼 생활에서 종교 문제를 어떻게 해결할지 합의하는 데 도움이 될 수 있고 주변에서 흔히 볼 수 있는 시나리오 몇 개이다.

(1) 같은 종교

두 사람의 종교가 같거나 종교가 중요하지 않다는 데 생각이 일치하더라도 이 중요한 논의를 건너뛰어서는 안 된다. 두 사람이 같은 가톨릭이거나 유대교, 개신교, 불교, 이슬람교 혹은 무신론자라고 해도, 일상생활에서나 명절에 종교가 어떤 역할을 해야 하는지에 대해서는 생각이 다를 수 있다.

세세한 점들까지 의견이 맞는지 알아보아야 한다. 교리를 얼마나 준수하는가? 종교 단체에 가입할 것인가? 상대가 함께 예배에 가주기를 바라는가? 아이들은 어떻게 키울 계획인가? 누가, 그리고 어느 종교 어떤 종파의 가르침에 따라 아이들을 키울 것인가?

(2) 다른 종교, 한쪽이 개종한다

성공적인 결혼 생활을 하고 있는 많은 커플이 그렇듯이 두 사람의 종교적 배경이 서로 다를 경우, 함께 살면서 어떻게 종교 생활을 할 것인지 의논해야 한다. 한 사람이 개종하게 되면 이러한 종교적 차이와 아이를 어떻게 키울 것인가라는 문제는 대개 해결된다.

(3) 다른 종교, 서로 독립적인 종교 생활을 한다

서로 종교가 다른 많은 커플이 상대의 독립적인 종교 생활을 기꺼이 인정하고 받아들인다. 하지만 아이들에게 어떤 종교를 따르게 할 것인지의 문제는 여전히 남는다. 아이를 자신의 종교에 따라 키울 것인가, 상대의 종교에 따라 키울 것인가? 아니면 두 종교를 모두 알려준 다음 스스로 결정하게 할 것인가?

(4) 아이들에게는 한 가지 종교를 선택해 가르친다

서로 종교가 달라도 가족의 조화를 위해 굳이 한 사람이 개종할 필요는 없다고 생각할 수도 있지만 아이들은 한 가지 종교 아래에서 키우기로 합의할 수 있다.

(5) 무교 — 아이들의 종교는 자라고 나서 스스로 결정하도록 맡긴다

두 사람 모두 종교적 믿음 없이 자랐거나 종교 생활을 하지 않고 있다면, 아이들이 자란 후에 어떤 종교를 따를지 스스로 결정하도록 맡기는 게 최상의 방법일 수 있다.

어떤 경우든 합의의 목적은 종교와 관련하여 두 사람의 필요를 모두 만족시키는 길을 찾는 것이다. (행복한 부부 다섯 쌍이 서로 다른 종교에 관해 어떤 식으로 합의에 이르렀는지 보려면 〈advice 9 자녀 양육을 즐겨라〉[202쪽]를 참고)

이 문제에 합의할 수 있어야만 아이들을 키우기에 안정적인 환경과 모두 함께 행복하게 살 수 있는 지속적인 방법을 마련할 수 있다.

돈

결혼 생활 초기에는 얼마를 벌어야 하는지, 그리고 집, 옷, 여가, 차, 음식, 교육 등 지출에 현실적으로 얼마의 예산을 잡아야 하는지 감이 잡히지 않을 수 있다. 하지만 행복한 결혼 생활을 하는 사람들은 두 사람의 관계와 가족에 서로 기여하는 바가 같다면 누가 얼마를 벌든 돈을 둘러싼 긴장 관계는 없다고 말한다.

돈 문제가 생겨도 그건 돈이 아니라 주로 돈을 관리하는 문제나 가치, 목표, 꿈에 관한 것일 때가 많다.

직장과 돈에 관해 허용 가능한 위험 범위, 큰 지출을 할 시기, 빚과 저축의 처리 방식 등의 기본적인 문제에 대해 함께 결정하고 합의할 때 두 사람은 경제적으로 잘 헤쳐나간다고 할 수 있으며, 그럴 때 사랑은 더욱 견고해질 것이다.

돈 문제가 생겨도 그건 돈이 아니라 주로 돈을 관리하는 문제나 가치, 목표, 꿈에 관한 것일 때가 많다.

그럼 서로 의견이 일치하는지 알아볼 수 있는 방법은 무엇일까? 서로의 돈에 관한 태도와 어떤 문제에 민감하게 반응하는지 알아볼 수 있는 기본적인 질문을 몇 가지 해보자.

- **수입**: 얼마나 벌었으면 좋겠는가? 돈의 많고 적음이 중요한가? 지금과 10년 후에 어떤 식으로 살기를 원하는가? 그것을 이룰 계획은 있는가? 만약 그 목표에 이르지 못한다면 기분이 어떨 것 같은가? 지금 상대가 돈을 많이 벌지 못해도 결혼할 것인가?

- **지출**: 돈 쓰는 것에 대해 어떻게 생각하는가? 큰돈을 쓰기 전에 얼마나 계획을 세우는 것이 좋은가? 상대가 어디에 돈을 쓰면 화가 날 것 같은가? 함께 결정을 내려야 하는 지출이 있다면? 상대가 매달 새 옷을 산다거나 위험한 주식 시장에 돈을 투자하면 화가 날 것 같은가? 예산을 지키려는 편인가?

- **저축**: 저축에 대해 어떻게 생각하는가? 사업을 시작하려고, 집이나 차를 사려고, 대학 등록금을 모으기 위해, 은퇴나 가족에게 생길지 모르는 비상사태에 대비하기 위해 등등 돈을 모으는 장기적인 목표 가운데 서로 공통되는 점이 있는가? 저축을 위해 예산을 세우고 매달 그 예산을 지킬 수 있는가? 더 많은 저축을 하기 위해 어디까지 할 수 있는가?

- **이전 결혼으로 인한 돈 문제**: 둘 중 한 사람이나 두 사람 모두 결혼한 적이 있다면 — 특히 그 결혼으로 아이가 있을 경우 — 함께 의논해야 할 법적, 도덕적, 재정적인 문제들이 많아진다. 예를 들어, 자식이나 예전 배우자를 위해 손대서는 안 되는 자산이 있을 수 있다. 그럴

경우에는 혼전 계약서를 작성해두는 것이 현명하다. 이런 문제들을 세세하게 검토해 둬야 나중에 서로 불편해지는 일이 생기지 않는다.

- **경제적 위기**: 경제적 어려움이 생기면 어떻게 대처할 것인가? 한 사람이 불구가 된다거나, 직장을 잃게 된다거나, 사업이 망해서 많은 빚을 지게 된다거나, 불가피한 이유로 일 년 동안 돈을 벌 수 없게 된다면 어떻게 적응할 것인가?

- **집안 배경**: 상대가 자신보다 부유한 집안이나 가난한 집안에서 자랐을 경우, 그 사실이 돈에 대한 두 사람의 태도에 어떤 영향이 있을까? 결혼 전 두 집안의 재산 차이가 아주 많이 나는 경우, 결혼 후에 그 재산을 어떻게 처리하고 싶은지 의견을 나누는 것도 아주 중요하다. 지금 바로 경제적 문제에 대해 의논하라. 그래야 앞으로 놀라는 일이 생기거나 논쟁이 벌어질 가능성이 낮아질 것이다.

- **기회와 위험**: 사업을 시작하거나 직업을 바꾸거나 학교로 다시 돌아가거나 다른 도시로 이사를 가는 등 큰 변화가 발생하면 어떻게 할 것인가? 아이를 낳거나 입양하는 데 들어가는 지출에 대해 어떻게 생각하는가?

- **빚**: 빚을 어떻게 생각하는가? 무섭다고 생각하는가 아니면 함께 가는 동반자인가? 신용카드 빚이 있는가, 아니면 매달 사용 금액을 모두 내고 있는가? 다른 빚이 있는가? 그렇다면 어떻게 갚을 작정인가? 쓰는 것보다 많이 버는가, 아니면 버는 것보다 많이 쓰는가?

처음 데이트를 시작했을 때 릴로와 제리도 경제관념이 서로 달랐다.

"릴로가 뉴욕에 있는 내 아파트에 처음 왔을 때가 아직도 생생해요." 제리가 말한다. "내가 책상 위에 그대로 펼쳐 놓았던 은행 계좌 통지서를 릴로가 봤죠. 왜 어떤 부분은 붉은색이고 어떤 부분은 검은색이냐고 묻더군요. 붉은색은 잔고 이상 지출한 금액을 표시한 거라고 했더니 릴로는 은행 잔고보다 돈을 더 쓰는 사람이 있다는 소리는 처음 들었다고 하더라고요. 그러면서 싫어하더군요. 해결책은 간단했어요. 결혼하고 나서는 청구서를 납부하는 데 사용하는 은행 계좌를 릴로가 관리한 거죠. 그리고 잡비로만 쓰는 보통 계좌를 따로 만들어서 사용했어요. 난 그 돈을 주로 릴로의 선물을 사는 데 썼죠. 우린 모든 돈을 공유하고 중요한 결정을 함께 내렸어요. 그건 몇 십 년이 지난 지금도 마찬가지죠."

지출과 저축, 수입에 대한 처리 방식에 동의할 수 있다면 두 사람은 경제도, 결혼도 모두 순탄하게 관리해나갈 수 있을 것이다.

프랜신과 도널드는 돈을 쓰는 방식에 대해 늘 의견이 일치하지는 않는다. "우린 서로 돈에 대한 철학이 달랐죠." 도널드는 말한다. 도널드보다 집이 가난했던 프랜신은 값싼 물건을 찾아다니는 경향이 있었다. "아내는 가구에 돈을 조금만 더 쓰면 몇 년 안 돼서 바꿔야 하는 싼 물건을 사는 것보다 더 오래간다는 사실을 인정하지 않았어요. 난 조금 더 기다렸다가 더 비싼 물건을 사는 편이고요." 도널드는 말한다. 프랜신은 몇 번의 언쟁 끝에 두 사람이 깊은 대화를 나누었고, 결국에는 남편의 사고방식에 따르게 되었다고 덧붙인다.

섹스

　행복한 결혼 생활에서 섹스는 두 사람이 서로에 대한 사랑을 표현하고 경험하는 대단히 중요한 수단이다. 섹스는 두 사람이 만난 순간부터 죽을 때까지 관계의 중심에 자리 잡는다. 섹스는 두 사람을 조화롭고 친밀하게 유지시켜주는 육체적, 감정적 유대감을 형성한다. 만약 두 사람이 남은 평생에 서로 사랑을 나누는 모습을 기분 좋게 떠올릴 수 없다면 지금 바로 방법을 찾아 나서야 한다.

　"우리에게 섹스가 얼마나 중요하냐고요? 이 사람은 저에게서 손을 못 뗀답니다." 이렇게 말하며 팀은 아내인 안젤라와 웃음을 터뜨린다. 36년의 결혼 생활 동안 다섯 자녀를 두고 뉴저지에서 살고 있는 이 부부는 여전히 죽이 잘 맞는다.

　"10년쯤 전인가? 우리 딸 하나가 보건 수업을 들었는데, 자기 엄마와 나의 섹스 횟수가 전국 평균과 같은지 알고 싶어 하더라고요. 그래서 난 놀리듯이 말했죠. '제니, 우린 평균 이상이란다.' 전국 평균이 몇 번인지는 모르겠지만, 섹스는 우리 결혼 생활의 아주 중요한 부분이에요." 팀의 결론이다.

　섹스는 두 사람을 조화롭고 친밀하게 유지시켜주는 육체적, 감정적 유대감을 형성한다.

섹스가 처음부터 늘 좋을 수는 없다. 하지만 궁합이 맞고 서로 사랑한다면 두 사람 모두 즐길 수 있는 섹스를 만들어나갈 수 있다. 한쪽 혹은 두 사람 모두 섹스가 처음이라면 천천히 시간을 들여서 배워라. 경험이 없어서든 과거의 나쁜 경험 때문이든 이유를 불문하고, 상대가 자신만큼 섹스를 즐기지 못한다 해도 인내심을 가져라. 그리고 틀에 박힌 섹스를 피하기 위해 노력하라. 여성과 남성 모두 성적 욕망을 가질 수 있으며, 성적인 억압감이나 불편, 불안을 느낄 수 있다는 점을 인정하라.

몇 달 동안 함께 책을 읽거나 외부의 도움을 받으며 노력한 후에도 섹스가 편하거나 즐겁지 못하다면 ― 혹은 노력도 하고 싶지 않다면 ― 두 사람은 서로에게 맞지 않는지도 모른다. (섹스에 대한 논의를 시작하는 데 도움이 필요하다면 advice 7 '두 사람 모두 만족하는 섹스를 하라' [172쪽] 참고)

코니는 밥과의 성관계가 시간이 갈수록 향상되었다고 말한다.

"섹스는 우리가 함께하는 아주 자연스럽고 확실한 수단이에요. 난 섹스에 대한 부정적인 태도를 극복해야 했죠. 내가 받은 가톨릭 교육에서는 섹스가 부정적이고 두려운 거라고 가르쳤거든요. 우린 결혼 치료 모임에 나갔는데, 그게 도움이 됐어요. 지금은 섹스가 훨씬 즐거워요. 훨씬요."

자녀

"아이는 우리 결혼 생활에서 아주 중요한 부분이에요." 우리 아들 리처드의 말이다. 행복한 결혼 생활을 위해서는 자신이 어떤 형태의 가족을 원하는지 — 아이가 많은 게 좋은지, 적은 게 좋은지, 아니면 아이가 전혀 없는 게 좋은지 — 알아야 한다. 아이를 어느 지역, 어떤 공동체 속에서 키우고 싶은지에 대해서도 의논하는 것이 좋다.

아이에 대한 선호도는 자신이 속한 가족의 영향을 받을 수 있다. 외동으로 자랐다면 자신도 아이가 하나인 가정을 원할 수 있고, 대가족 출신이라면 똑같이 대가족을 원할 수 있다. 물론 그 반대를 원할 수도 있다.

대가족이 좋은지 소가족이 좋은지 잘 모르겠다면 아이가 있는 친구나 친척들을 방문해서 어떤 기분이 드는지 알아보라. 그리고 아이를 낳은 후에 아이가 아직 어린 동안 계속 일을 할지 집에 있어야 할지 결정을 내리기가 어렵다면 새로 부모가 된 사람들을 만나 그들은 어떻게 결정을 내렸는지 이야기를 나누어보라.

지금은 가족계획에 대해 명확한 생각이 없을 수도 있지만, 나중에 두 사람을 갈라놓을 수 있는 큰 문제가 없는지 알아보기 위해서는 지금 바로 의논을 시작해야 한다. 서로 의견이 맞는 좋은 관계라면 두 사람은 이런 의논을 통해 더욱 가까워질 것이다. 아이를 가질 것이냐 말 것이냐를 둘러싸고 심각한 의견 차이가 있다면 아무리 견고한 관계도 깨질 수 있다. 가능한 한 빨리 이 문제를 해결하는 것이 좋다.

레베카는 처음으로 진지하게 만나던 남자친구에게 아이 문제를 좀 더 빨리 꺼냈으면 좋았을 것이라고 후회했다. 그녀와 로저는 5년간 만났다. 그가 가끔 아이들에 대해 부정적인 말을 한다는 것은 알고 있었지만 사내다움을 중요시하는 전형적인 남자들이 그러듯이 농담이려니 생각했다.

그러다 결혼 이야기가 나오기 시작하던 무렵, 두 사람은 어느 크리스마스에 갓난아기가 있는 부부의 집을 방문했다가 아이 문제에 대해 진지한 이야기를 나누게 되었다. 그리고 로저가 지금이든 언제든 아이를 원하지 않는다는 사실을 알게 되자 그녀는 다른 선택의 여지가 없다는 것을 깨달았다. 한 달 후에 그녀는 로저와 헤어졌다.

그리고 삼 개월 후, 밥을 만났다. 그녀는 얼마 지나지 않아 밥도 그녀처럼 아이를 갖고 싶어 한다는 것을 알았다. 그것은 두 사람의 수많은 공통점 가운데 하나였다. 그들은 14년 동안 대단히 행복한 결혼 생활을 이어오고 있으며, 지금은 세 자녀와 개 한 마리, 금붕어 여섯 마리와 함께 살고 있다.

여가 활동

행복한 결혼 생활을 유지시켜주는 기둥 가운데 하나는 서로가 열광하고 추구하는 것, 특히 여가 활동과 취미를 공유하는 것이다. 행복한 커플들은 자유 시간에 두 사람이 함께할 수 있는 몇 가지 공통적인 관심사가 있다. 하이킹, 자전거, 스키, 낚시, 테니스, 야구, 운동, 산책, 독서, 영화 토론 등 함께 하는 활동은 두 사람을 더욱 가깝게 이어준다. 취미는 직장 일과 가정의 일상을 뛰어 넘어 두 사람을 연결시켜주고, 상대에 대한 이해를 넓혀주는 또 다른 수단이 된다.

"우린 함께 책을 읽어요. 몇 시간씩 이야기를 나누며 다시 십대로 돌아간 기분을 느끼죠." 로저와 결혼 7년차에 접어든 캐서린의 말이다. 두 사람 모두 첫 결혼은 불행했다. 로저가 한 마디로 정리한다. "처음에는 이래도 되나 싶을 정도로 함께 있는 것만으로도 얼마나 즐거웠는지 몰라요."

함께 운동을 하든, 여행을 하든, 새로운 것을 배우든, 여가 활동을 통해 두 사람은 재미를 느끼고 결혼 생활을 재충전할 수 있다.

함께 하는 활동이 운동일 때는 건강을 유지할 수도 있다. 그러다보면 서로에게 계속해서 매력을 느낄 수 있게 되는 보너스 외에도, 단순히 오래 사는 게 아니라 더욱 질 높은 삶을 살아갈 확률도 높아진다. 두 사람 모두 건강이라는 이득을 얻게 되는 것이다.

함께 하는 여가 활동은 긴장감을 생산적으로 풀어내는 안전장치의 기능이 크다. 취미의 공유는 두 사람이 새로운 방식으로 연결될 수 있는 기회를 제공한다. 직업이나 일상적인 일과는 다른 서로의 솜씨를 보며 감탄할 수 있는 기회이다. 무엇보다 중요한 것은 여가 활동을 통해 함께 긴장을 풀고 건강을 유지하며 생활 반경을 확장하고 즐거운 시간을 보낼 수 있다는 점이다. 이 모두가 행복한 결혼 생활을 만들어가는 데 매우 중요한 요소이다.

좋은 측면은 또 있다. 재미있다는 것이다. 정말로 행복한 부부는 평범한 일상적인 일을 하면서도 재미를 찾는다. 처음부터 공통적인 여가 활동이나 취미가 없어도 행복한 부부는 그것을 찾는 법을 배운다.

"우린 무슨 일이든 함께 하죠." 알렉시스와 26년 동안 부부로 살고 있는 캘리포니아의 변호사 마크는 말한다. "하이킹, 스쿠버다이빙, 스키, 운동, 뭐든지요. 아내는 심지어 캘리포니아 밖에서 진행되는 재판에까지 저와 동행합니다. 재미가 없었다면 우리 결혼이 어떻게 지속될 수 있었을지 모르겠어요."

더 많은 여가 시간을 함께 보낼수록 두 사람은 더 가까워지는 것을 느낄 것이다. 함께 재미있는 시간을 보내는 것은 결혼 생활의 보험과도 같다. 서로에 대한 좋은 감정을 강화시켜 어려운 시기를 견뎌내는 데 도움이 되는 것이다.

모든 취미가 같아야 하는 것은 아니다. 한 사람이 수영을 하러 간 사이에 다른 사람은 독서 클럽에 가거나 친척을 방문하거나 야구 경기를 보러 가는 것도 좋다. 하지만 더 많은 여가 시간을 함께 보낼수록 더 가까워지는 것을 느낄 것이다. 함께 재미있는 시간을 보내는 것은 결혼 생활의 보험과도 같다. 서로에 대한 좋은 감정을 강화시켜 어려운 시기를 견뎌내는 데 도움이 되는 것이다.

함께 할 수 있는 여가 활동을 찾지 못한다면 삶에서 닥쳐 올 수 있는 필연적인 도전과 부딪혔을 때 다시 회복할 수 있는 탄력성이 부족하게 될 수 있다. 자신에게 맞는 사람이란 남은 평생 함께 즐거운 시간을 보내고 싶은 사람이다.

용인 가능한 행동

행복한 커플은 자신의 정체성과 가치관을 희생하지 않으면서도 상대가 행복할 수 있도록 행동한다. 매일 말과 행동으로 서로에 대한 사랑과 존경을 보여줄 때 두 사람은 함께 있는 것을 즐기게 되고 사랑하는 관계에서만 얻을 수 있는 지지를 발견하게 될 것이다.

하지만 아주 잘 어울리는 커플일 지라도 서로에게 방해되는 행동을 하는 경우가 생길 수 있다. 그런 일이 아주 가끔이라면 문제될 것은 없다. 사과하고, 사과를 받아들이고, 다시는 그런 행동을 반복하지 않도록 노력하면 된다. 하지만 한 사람의 행동이 지속적으로 상대를 불편하게 하거나 불행하게 만든다면 그런 행동은 용인할 수도, 용인해서도 안 된다. 결혼하기 전에 상대의 어떤 행동이 마음에 들지 않았다면 결혼 후에는 더 마음에 들지 않을 것임을 명심하라.

간단히 말해, 용인 가능한 행동은 서로에 대해 좋은 감정을 느끼게 한다. 반면에 때와 장소와 대상에 대해 반감이 들게 한다면 그것은 용인할 수 없는 행동이다. 어느 한쪽이나 양쪽 모두 건강한 생활을 할 수 없게 하거나, 상대에게 합당한 배려, 친절, 존경을 보여주지 못하는 행동은 관계의 문제가 된다.

결혼하기 전 상대의 어떤 행동이 마음에 들지 않았다면 결혼 후에는 더 마음에 들지 않을 것임을 명심하라.

상대가 식탁에서 트림을 하거나 손가락으로 콩을 골라내는 보기 싫은 행동을 한다면 식탁 예절을 고치면 된다. 욕을 많이 하고, 자신이 해야 할 집안일을 계속 잊어버리는 사람은 행동을 교정하면 된다. 상대를 정말로 행복하게 해주고 싶다면 말이다. 적절한 동기가 있으면 변화는 가능하다. 그리고 사랑은 강력한 동기가 된다. 하지만 당신 혼자 힘으로 상대를 변화시킬 수 있다고 기대하지는 말라. 자신이 변하는 게 얼마나 어려운지 생각해보라. 그리고 무엇보다 중요한 건 상대가 변하고 싶어 해야 한다.

서로를 알아가는 시기에는 어떤 행동이 나중에 용인할 수 있는 행동인지 아닌지 분명하게 드러나지 않을 수가 있다. 관계 초기에는 누구나 가장 좋은 모습만 보여주기 때문이다. 알코올, 약물, 도박처럼 중독과 관련된 행동들도 젊은 시절에 흔히 할 수 있는 정상적인 범주로 보일 수도 있다. 하지만 이런 잠재적인 중독은 시간이 갈수록 점점 악화될 수 있다. 이런 중독성 행동은 우울증, 폭력성, 과도한 분노와 같은 감정 문제처럼 집안 내력인 경우가 많다. 따라서 가족 내력을 알아보고, 전문가의 조언을 얻어 두 사람이 함께 이야기를 나누는 것이 매우 중요하다. 여기에 관계속에서 문제 행동을 더 명확히 이해하는 데 도움이 될 수 있는 점검 사항을 제시한다.

상대에게 변할 능력도, 의지도 보이지 않는다면 그런 행동이 앞으로도 절대 변하지 않을 수 있다는 점을 명심해야 한다. 많은 사람이 저지르는 한 가지 실수는 문제를 무시하고 '결혼하면 괜찮아질 거'라고 생각하는 것이다. 결혼을 한다고 해서 상대의 행동이 마법처럼 바뀌지는 않는다.

결혼 전 단계에서 개선하려는 의지가 없다면 그 사람은 앞으로도 절대 바뀌지 않을 것이다. 오래 기다리면 기다릴수록 상대가 변할 수 있는 가능성은 점점 줄어든다. 서로의 행동이 상대를 행복하게 할 수 없다면 두 사람은 서로에게 맞는 짝이 아니다.

좋은 관계를 해칠 수 있는 문제 행동 14가지 테스트

다음은 두 사람이 잠재적인 문제를 확인하고 논의하는 데 도움이 될 수 있는 점검 사항들이다. 두 사람은 이를 통해 서로에 대해서도 더 잘 알 수 있게 될 것이다. 서로에게 다음과 같은 질문들을 해보자.

1. 알코올, 약물, 도박 등에 중독되어 있거나 정도가 심하다

알코올, 약물, 도박 등이 문제라면 이러한 문제는 그 사람을 믿을 수 없고 의지할 수 없는 사람으로 만드는 행동으로 이어진다. 무언가에 중독된 사람에게 상대는 필연적으로 뒷전으로 밀려날 수밖에 없다. 언제나 중독을 만족시키는 일이 우선이기 때문이다.

- 가족 중에 중독 문제를 겪은 사람이 있는가?
- 상대의 음주/ 약물 사용/ 도박 습관 때문에 불편한가?
- 당사자는 중독 문제가 있다는 것을 인정하는가?
- 중독을 극복하기 위해 지금 치료를 받거나 전문가의 도움을 받고 있

는가?

2. 상대를 통제하거나 괴롭히는 경향이 있다

상대방이 당신의 관계와 생활을 세세한 면까지 지나치게 관리하려 든다면 그 관계는 독립적이고 성숙한 두 성인의 관계라고 할 수 없다. 당신이 옳다고 생각하는 방식이 아니라 자신의 방식을 고집한다거나 상대의 독립성을 존중해주지 않는다면 두 사람은 머지않아 갈등을 겪게 될 것이다.

- 당신이 어디에 있는지 한시도 빼놓지 않고 알려고 하는가? 그렇지 않을 때는 짜증을 부리거나 화를 내는가?
- 늘 끊임없이 지시를 내리는가?
- 떨어져 지낼 때나, 이성과 일을 해야 할 때면 지나치게 질투를 하거나 못미더워하는가?
- 당신이 하고 싶지 않을 일을 억지로 시키려고 하는가?
- 중요한 결정을 내릴 때 아무런 의논 없이 독단적으로 처리하는가?

3. 정직하지 못하고 거짓말을 한다

좋은 관계는 신뢰 위에서 이루어진다. 서로가 진실을 말하고 있다고 믿을 수 있어야 한다.

- 상대가 거짓말을 한 적이 있는가?

- 거짓말에 대해 사과보다는 변명을 하려 드는가?

4. 경멸감과 자만심을 보이며, 전반적으로 상대를 존중하려는 태도가 부족하다

존경심보다는 경멸감을 갖고 상대를 대하거나, 빈정대고 거들먹거리는 말투를 사용한다면 서로의 차이점에 대해 차분하고 이성적으로 이야기하는 것은 거의 불가능하다.

- 상대가 감정이 상할 만큼 당신을 놀리는가?
- 당신에 대해 악의에 찬 말을 하고, 솜씨나 재능, 기여도를 인정하지 않는 듯한 행동을 하는가?
- 당신을 존중하지 않는다고 느끼는가?

5. 감정을 잘 드러내지 않는다

감정을 함께 나누거나, 상대의 감정적 욕구에 맞게 다정한 태도와 접촉을 통해 사랑을 표현하는 데 문제가 있다면 서로에게 만족스러운 관계는 요원하다.

- 갈등이 생기면 앉아서 차분히 이야기를 나누기보다 물러나거나 피해버리는가?
- 느낌과 감정을 표현하는 데 어려움을 느끼는가?

- 당신에게 필요한 다정함과 육체적인 애정 표현과 감정적인 배려를 해주는가, 아니면 그런 정서적인 지지를 억제하고 있는 것 같은가?

6. 분노가 과도하거나 폭발적이다

주변의 상황에 과도하고 부적절한 분노를 보이거나, 불편할 정도로 자주 분노를 표출한다면 그 사람에게는 문제가 있다고 할 수 있다.

- 조그만 의견 차이에도 지나치게 소리를 지르는가?
- 무서울 정도로 화를 내거나, 분노를 통제하지 못하는가?
- 그 사람의 친구나 가족들이 그런 경우에 대해 말한 적이 있는가?
- 그런 행동이 상대의 가족에게도 공통적으로 있는 특성인가?

7. 극단적인 방어심이나 부인하는 태도로 개방적인 논의를 차단한다

두 사람의 관계에서 나타나는 문제에 대해 이야기를 꺼낼 때 그 이야기를 다 듣지 못하고 화를 내며 방어하거나 상대의 감정을 완전히 부인하려 한다면 두 사람은 이 관계에서 성장할 수 없다. 문제를 고치는 것도 어렵거나 불가능하다.

- 자신과 다른 의견을 제기하면 상대를 비난하거나 차분히 논의하기를 거부하는가?
- 문제점에 대해 귀를 기울일 줄 아는가, 아니면 문제가 있다는 사실

을 주로 부인하는가?

8. 비판적, 비하적, 모욕적인 언사가 잦다

어떤 관계에서든 지나친 비판은 가장 파괴적인 행동이며, 이런 행동은 이혼으로 이어질 가능성이 대단히 크다. 지속적으로 비판하고 모욕을 준다면 그것은 상대에게 마땅히 가져야 할 존경심이 없는 것이기 때문이다.

- 말투에서 상대를 존중하는 태도가 부족한가?
- 나와 내가 하는 일에 대해 지속적으로 비판하는가?
- 다른 사람들 앞에서 나를 비판하거나 모욕하는가?

9. 외도를 저지른다

외도는 믿음에 대한 가장 근본적인 배신으로 결혼을 위태롭게 한다. 결혼 전에 바람을 피우고, 그런 행동은 용인할 수 없다는 데 두 사람이 동의하지 못한다면 그런 일은 또다시 벌어질 수 있다.

- 다른 사람에게 유혹적인 행동을 한다거나 나를 불행하거나 불편하게 하는 행동을 하는가?
- 바람을 피운 적이 있는가?
- 바람을 피울지 모른다고 의심할 만한 이유를 상대가 제공한 적이 있는가?

10. 참을성이 없고, 지나치게 완고하다

다른 사람에게 옹졸하고 지나치게 완고한 사람은 장기적인 관계에서 생기는 기복을 견뎌내는 용서의 마음이나 융통성, 탄력성이 부족하기 쉽다.

- 자신과 다른 사고방식을 인정하는가?
- 상대나 상대의 친구, 친척들이 자신과 의견이나 행동이 다를 때 그 점을 인정하는가?
- 사람들이 자신에게 동의하지 않는다고 생각하면 조바심을 내고 화를 내는가?
- 화가 나면 상대나 다른 사람과 이야기하기를 거부하는가?

11. 게으로고 자신이 해야 할 일을 하지 않는다

두 사람이 시간, 선호도, 솜씨를 바탕으로 공평하게 집안일을 나누었는데 어느 한쪽이 상대방과 아무런 의논도 없이 계속해서 빈둥거린다면 그것은 용인할 수 없는 일이다.

- 자신이 하기로 했거나 해야 하는 일을 계속 피하는가?
- 집안일은 자신이 아닌 다른 사람의 일이라고 늘 생각하는가?
- 공평하게 일을 나누어서 하기로 합의했음에도 열심히 하지 않고 대부분 일을 상대에게 떠넘기는가?

12. 무례하고 매너가 없다

상대나 다른 사람에게 계속해서 무례하게 굴거나, 그 사람의 나쁜 매너 때문에 다른 사람들에게 함께 있는 모습을 보이기가 꺼려진다면 행동에 커다란 변화가 없는 한 그 관계는 행복해지기 어렵다.

- 상대의 매너 때문에 창피한가?
- 행동을 고쳐달라고 요청하면 바꿀 수 있는가? 아니면 여전히 같은 행동을 하는가?
- 다른 사람에 대한 존중이 결여되어 있다고 느낄 만큼 무례한가?

13. 이기적이다. 다정하지도, 지지를 보내주지도 않는다

상대보다 자신의 관심사를 더 앞세운다면 조심해야 한다. 자신의 관심사를 지키기 위해서일지라도 그런 행동은 상대에게도 비슷한 행동을 하도록 부추기는 경향이 있기 때문이다. 서로가 이기적으로 행동한다면 두 사람은 시간이 갈수록 점점 멀어지기 쉽다.

- 관계 속에서 자신의 몫을 하고 있는가?
- 가사 분담 방식에 만족하는가?
- 자신의 관심사만큼 당신이 원하는 것과 당신에게 필요한 것에 대해서도 생각하는가?
- 다른 사람에게 도움이 필요할 때 도와주려는 마음이 있는가?

14. 폭력적인 행동과 언어를 사용한다

신체적인 폭력과 언어폭력은 어떤 관계에서도 절대 용납할 수 없다. 상담을 통해 이런 행동을 극복하는 사람도 있지만, 당사자가 외부의 도움을 받을 마음이 없다면 큰 변화는 기대할 수 없다.

- 불쾌하고 상처를 입을 정도로 폭력적인 언어를 사용하거나 상스럽고 잔인하고 모욕적인 말을 하는가?
- 때리거나 때리겠다고 위협한 적이 한번이라도 있는가?

심리적, 감정적인 문제는 치명적인 단점은 아닐 수 있어도 결혼하기 전에 반드시 알아야 할 문제이다. 상대가 우울증, 불안, 강박적인 두려움 또는 기타 염려스러운 감정적 문제를 겪고 있다면 결혼에 대해 결정을 내리기 전에 전문가의 도움을 받아야 한다. 그리고 계속해서 그런 도움을 받으면서, 필요하다면 결혼 후에도 계속 치료를 받을지 결정해야 한다.

사랑하는 사람을 객관적으로 보는 것은 쉽지 않다. 그러다가 로맨스가 깨지지는 않을까, 알고 싶지 않았던 점을 발견하게 되지는 않을까 두려울 수 있다. 하지만 사실은 그 반대이다.

종교, 돈, 섹스, 자녀, 여가 시간 활용, 용인 가능한 행동에 대해 솔직한 이야기를 나누다보면 그것을 기회로 서로에게 얼마나 많은 공통점이 있는 지를 발견할 수 있다. 함께하는 미래를 위한 믿음과 튼튼한 기반을 다질 수 있는 기회이기도 하다. 처음에는 서로 의견이 맞지 않아도 꾸준히 이야기를 나누다보면 계속 노력해야 할 점이 무엇인지 알게 될 것이다.

그런 후에도 여전히 이 핵심 사항 여섯 가지에 합의할 수 없다면, 결국은 헤어지는 것이 현명하고 덜 고통스러운 일일 것이다. 낙천적인 마음으로 자신에게 맞는 새로운 사람을 찾아 나설 수 있으므로.

5

결혼은 신중하고 과감하게 결정하라 : 청혼과 약혼, 그리고 결혼 골인하기

ᕱ

내가 당신을 얼마나 사랑하느냐고요? 한 번 헤아려 볼게요.
─엘리자베스 브라우닝

결혼 결정은 신나는 일이기는 하지만 늘 쉽지만은 않다. 관계가 더 진지해지고 함께하는 미래에 대해 더 자주 이야기를 나누기 시작하면서 가끔 스트레스를 받거나 회의가 들더라도 놀라지 말라. 아무리 서로 사랑하고, 전에 만났던 그 누구보다 공통점이 더 많은 것 같아도 이 관계가 두 사람을 영원히 행복하게 해줄 수 있는지에 대해 의심이 생길 수 있다.

누군가와 이렇게 사랑에 빠진 적이 처음이라면 모든 것이 너무 생경해서 의심이 들 수 있고, 과거에 오랫동안 진지한 관계를 맺은 적이 있거나 결혼한 적이 있다면 이번에는 '제대로' 할 수 있을지 걱정에 짓눌릴 수도 있다.

바로 지금 단계가 두 사람 관계의 좋은 면뿐만 아니라 걱정거리에 대해서도 생각해볼 좋은 기회이다. 당신은 인생에서 가장 중요한 결정을 목전에 두고 있다. 두 사람 모두 평생 서로에게 충실할 준비가 되어 있는가? 남은 인생을 함께 보내고 싶을 정도로 진심으로 서로 사랑하는가? 다음 135쪽의 박스 속 질문들은 결혼을 자신 있게 결정하는 데 도움을 주기 위해 고안된 것이다.

지금 당장 남아 있는 의심을 해결하라

행복한 결혼 생활을 위해서는 두 사람이 함께하는 미래에 의심이 없어야 한다. 다음 135쪽 박스 속 질문들에 '예'라고 대답할 수 있고, 진정한 자신의 짝을 만났다고 자신한다면 지금이 사랑하는 사람과 미래를 이야기할 때이다.

하지만 의심과 걱정이 아직 남아 있다고 해도 낙담하지 말라. 선택할 수 있는 길이 아직 세 가지나 남아 있으니 말이다. 그리고 그 세 가지 모두 희망적인 길이다.

(1) 계속 데이트를 하며 문제를 해결하기 위해 노력한다

당신이 걱정하는 점에 대해 상대방에게 이야기하라. 부모님, 가까운 친척, 친구, 혹은 전문가와 의논하는 것도 도움이 될 수 있다. 그들의 의견에 주목하라. 지금 그런 이야기를 하는 게 불편하게 느껴질지도 모르지만 내버려두면 걱정거리는 사라지지 않고 점점 커져만 갈 것이다.

우리는 얼마나 행복한 결혼 생활을 하게 될까?

사랑과 존경에 믿음과 정직이 결합되면 오랫동안 튼튼하게 유지될 수 있는 관계의 기반이 만들어진다. 서로를 향한 사랑과 혹시 있을지도 모르는 걱정에 대해 이야기하라. 그리고 서로 다음과 같은 질문을 해보라.

- 함께 있으면 행복하고, 상대방의 이익을 가장 먼저 생각하는가? _____
- 지금까지 만난 그 누구보다 이 사람과 함께 있고 싶은가? _____
- 상대를 존경하고, 지금 그대로의 이 사람과 같이 살고 싶은가? _____
- 상대를 행복하게 해주는 법을 알고 있는가? 상대도 당신을 행복하게 해주는 법을 알고 있다고 생각하는가? _____
- 평생 서로에게 충실하기로 약속하는가? _____
- 핵심 사항 여섯 가지–종교, 돈, 섹스, 자녀, 여가 시간 활용, 용인 가능한 행동–에 대해 이야기를 나누었으며, 완전한 합의에 도달했는가? _____
- 서로의 의견 차이를 우호적으로, 재빨리, 두 사람 다 만족할 수 있는 방식으로 해결할 수 있는가? _____
- 과거에 논의하기를 꺼렸던 문제가 있다면 그것을 해결했는가? _____
- 상대의 결점에도 내가 손해 본다는 느낌 없이 그 사람을 받아들일 수 있다고 자신하는가? _____
- 앞으로 20년, 50년 후에도 행복한 부부로 살고 있을 자신의 모습을 상상할 수 있는가? _____

마음속에 심각한 의심이 남아 있는 채로 결혼을 해버리면 나중에 후회할 확률이 높다. 결혼하고 싶은 욕심에 이런 의심들을 등한시하지 말라. 계속해서 함께 만나기는 하되 멋진 관계를 쌓아나가기 위해 두 사람이 힘을 합쳐 노력하라. 유대감을 강화할 수 있는 법을 알고 싶으면 advice 3 '사랑과 존경을 우선하라'를 다시 보기 바란다. 상대를 더 많이 도와주고 사랑할수록 관계는 더 좋아질 것이다. 함께 산책을 하고, 이야기를 나누고 서로의 말에 신중히 귀를 기울이며, 성에 대해 공부하고, 서로의 친구, 가족들과 더 많은 시간을 보내라. 모두 advice 3에서 다뤘던 내용들이다. 이런 방식들을 통해 연결될 때 두 사람은 더 가까워지게 될 것이고 커플로서의 장점도 명확해질 것이다. 또한 결혼을 위해 어떤 점을 더 노력해야 할지에 대해서도 알게 될 것이다.

(2) 잠시 헤어져 있기로 한다

지금 행복하게 살고 있는 많은 부부들도 한동안 헤어지기로 했다가 몇 달, 몇 년이 흐른 후 다시 만난 경험이 있다. 어떤 경우에는 한쪽 혹은 양쪽 모두 서로에게 자신의 남은 평생을 약속할 준비가 되지 않았다는 단순한 이유 때문이었다. 그들에게는 서로의 감정이 어떤지 알아보기 위해 떨어져 지내거나 심지어는 다른 사람을 만날 시간이 필요했다.

제프리와 엘리자베스는 이십대에 대학에서 만나 사랑에 빠졌다. 그리고 대학을 졸업한 후 일 년 동안 함께 지냈지만 아직 결혼을 하기에는 너무 어리다고 생각했다. 그들에게는 평생 이 관계를 지속해도 되는지 확신할 만한 경험이 없었다. 헤어진 두 사람은 각자 다른 곳으로 가서 살면서 3년 동안 다른 사람들을 만나며 데이트를 했다.

그 기간에 제프리는 어디에 있든 자신이 제일 좋아하는 엘리자베스의 사진을 벽에 붙여놓고 지냈고, 엘리자베스는 누구와 데이트를 하든 제프리를 잊지 않았다. 3년 후 다시 만났을 때 두 사람은 이제 서로와 결혼해서 남은 평생을 함께 지낼 준비가 되었음을 깨달았다.

(3) 지금의 상대와 헤어져서 새로운 사람과 새롭게 시작한다

헤어짐은 어렵다. 하지만 헤어져서 다시 만나지 않기로 했다면 적어도 다음번에는 자신에게 맞는 사람을 좀 더 잘 찾을 수 있을 것이다.

소중한 관계에는 노력과 시간이 필요하다. 지금은 자신에게 맞는 짝을 처음부터 다시 찾아야 한다는 생각에 겁이 날 수도 있지만 맞지 않는 사람과 있는 것은 그보다 훨씬 어려울 것이다. advice 2 '목적 있는 데이트를 하라'를 다시 보기 바란다. 남은 평생을 행복하게 지낼 수 있는 사람을 찾는 법에 대해 흥미롭고 실용적인 아이디어를 발견할 수 있을 것이다. 그리고 헤어지기를 잘했다고 생각하게 될 것이다.

모든 것이 완벽하다면 청혼하라

서로에게 평생을 바칠 준비가 되었다고 해도 두 사람이 결혼에 골인하기까지는 아직 한 단계가 더 남아 있다. 어느 한쪽에서 그 결정을 말로 분명하게 표현해주는 것이다. 화려한 순간이 될 수도, 조용한 순간이 될 수도 있지만 그 순간은 언제까지나 서로의 기억에 남을 것이다.

에린과 제이미는 제이미가 청혼한 7년 전 그날 밤을 절대 잊지 못한다.

"그때 우린 브루클린의 이 조그만 아파트에서 세 달가량 함께 살고 있었죠. 그날 난 끔찍했던 기타 레슨을 마치고 끔찍한 기분으로 집으로 돌아왔어요." 에린이 회상한다. "문에 쪽지가 붙어 있었어요. '에린, 꽃을 따라와요.' 문을 열었더니 아파트 뒤쪽까지 바닥에 장미가 줄지어 놓여 있었어요. 아파트가 마치 꽃가게가 된 것 같았죠. 장미를 따라가니까 무릎을 꿇은 채로 반지 상자를 든 제이미가 있었어요. 그러고는 이렇게 말했죠. '에린, 나와 결혼해주겠어?'"

"아내가 얼마나 좋아했는지 몰라요." 제이미가 말을 받는다. "한동안 내가 준 반지가 플라스틱 반지라는 것도 모르더라고요. 50캐럿짜리 다이아몬드 반지처럼 보이는 가짜였는데, 연극 소도구를 파는 가게에서 산 거였죠. 진짜 결혼반지는 함께 고르고 싶었거든요. 하지만 아내는 몇 시간 동안이나 그런 것도 모르고 있었어요. 어찌나 좋아하던지 나도 행복하고 안심이 됐죠. 청혼을 받아줄 거라고 99.9% 확신하고 있기는 했지만 '아직 준비가 안 됐다고 하면 어떡하지?'라는 생각이 들기 마련이잖아요. 그날 우린 끌어안고 밤새 이야기를 나눴어요."

화려하지 않아도 청혼 순간은 모두 사랑스러운 추억으로 남는다. 그리고 두 사람이 만난 이야기처럼 청혼 이야기도 결혼 생활을 이루는 일부가 된다.

게빈과 나오미는 23년 전에 만났다. 나오미가 인사과 부장으로 있는 뉴욕의 회사에서 게빈을 뽑았을 때였다. 여러 잡지를 발간하는 출판사였는데, 그 중에는 신부 잡지도 있었다.

"한동안 데이트를 한 후 이 사람과 결혼하고 싶다는 것을 깨닫고 어떻게 하면 특별한 청혼을 할까 고민했죠." 게빈은 말한다. "그래서 신부 잡지를 사서 중간을 네모나게 오려낸 다음 그 안에 약혼반지를 넣고 포장지로 쌌어요.

아내는 포장지를 벗겨내고 잡지를 보더니 이러더군요. '왜 이걸 주는 거예요? 사무실에도 있는데?' 그래서 내가 그랬죠. '열어봐요.' 아내는 약혼반지를 발견하고 정말 좋아했어요."

즉흥적인 청혼도 기억에 남는다. 때로는 두 사람이 좋아하는 일 — 하이킹처럼 간단한 — 을 함께하다가 서로 공유하는 감정이 영원히 지속될 만큼 강하다는 것을 깨닫게 되기도 한다.

폴과 낸시는 몇 년 동안 이어졌다 끊어졌다 하면서 데이트를 하고 있었다. 그러던 어느 날, 그들은 산으로 하이킹을 갔다가 산 정상에 앉아 장엄한 풍성을 바라보며 함께 있어서 정말 좋다는 이야기를 했다. "그렇게 좋다면, 왜 결혼하자고 안 해요?" 폴이 물었다. 그러자 낸시가 대답했다.

"당신은 왜 안 하는데요?" 그러다가 낸시는 잠시 후 다시 입을 열었다. "당신 말이 맞아요. 나하고 결혼할래요?" 폴은 가만히 몸을 숙여 그녀의 입술에 키스하며 말했다. "물론이죠. 언제 하는 게 좋을까요?"

12년 후, 이 이야기를 세 아이에게 들려주는 지금 그들에게 궁금한 게 한 가지 있다면 결혼을 결심하는 데 왜 그렇게 오랜 시간이 걸렸는가 하는 것뿐이다.

(1) 약혼 기간을 현명하게 이용하라

두 사람만 간직하든 온 세상에 소리쳐 알리든 약혼은 마땅히 축하해야 할 일이다. 둘만의 조용한 저녁식사도 화려한 파티만큼 특별할 수 있다. 중요한 것은 행복으로 채워지길 바라는 인생의 새로운 단계로 두 사람이 첫발을 내디뎠다는 사실이다. 이 약혼 기간을 잘 활용하면 두 사람은 행복한 결혼에 더 가깝게 다가설 수 있을 것이다.

약혼 기간은 결혼을 성공적으로 이끄는 애정 어린 행동을 연습할 기회이다. 지금부터는 서로에게 언제나 성실하겠노라는 말을 하지 않아도 되는 시기이며, 서로 더 잘 알아나가고 서로의 가족과도 낯을 익히는 시기이다. 그리고 공식적으로 두 사람의 결합을 알릴 결혼 날짜를 정하는 것도 이 시기이다.

(2) 결혼을 재고할 수 있는 마지막 기회

결혼 준비는 대단히 괴로운 일이다. 행복한 커플에게도 '결혼 불안감'은

닥칠 수 있다. 아무리 긍정적인 변화라 해도 변화에는 적응이 필요하다.

하지만 그 불안감이 결혼상대로 딱 맞는 사람을 찾았는지에 대한 것이 아니라 단순히 결혼 자체 때문이라고 확신할 수 있어야 한다. 결혼 준비에 휩쓸려 마음을 등한시하지 말라. 서로의 차이점을 극복할 용기가 있는지 마지막으로 점검하라. 만약 그렇지 못하다면 결혼 준비가 얼마나 진척되었든 간에 파혼을 하거나 결혼까지도 취소할 수 있는 용기가 있어야 한다. 당시에는 힘들고 창피하더라도 맞지 않는 사람과 결혼하는 고통과 비교하면 아무것도 아니다.

지금은 행복하게 살고 있지만 청첩장을 보내고 연회까지 예약해둔 상태에서 약혼을 깬 적이 있는 사람이 많다. 그들은 망설임과 의심이 생기지 않는 새로운 관계를 찾았고, 결국 아주 행복한 결혼에 이르렀다.

(3) 결혼 준비는 방만하지 않고 단순하게

몰래 야반도주를 할 생각이거나 아주 조촐한 결혼식을 계획하고 있는 것이 아니라면 자신도 모르게 결혼 준비가 커져버리는 것을 곧 경험할 수 있다. 그럴 때는 아래의 한 줄짜리 주문이 도움이 될 것이다. 주위 사람들 모두 세부적인 결혼 준비로 정신이 없어 보일 때마다 이 주문을 외워보자. "결혼이란 우리의 사랑을 기념하고, 서로에게 평생 함께할 것을 공개적으로 맹세하는 일이다."

그 밖의 다른 것은 모두 곁다리일 뿐이다.

무슨 일이 생기든 결혼은 시작일 뿐이다.

형식상의 결혼식을 하는 목적은 서로를 발견한 두 사람이 남은 평생을 함께함을 축하하기 위해서이다. 결혼식 규모는 행복한 결혼과 아무 상관이 없다. 음식 수준이나 밴드, 신부의 드레스, 혹은 많은 커플이 몇 달씩 고민에 고민을 거듭하는 수백 가지 세부사항들도 마찬가지다. 결혼식이 두 사람과 두 사람의 결합을 축하해주는 가족과 친구들이 서로 가까워질 수 있는 자리가 되도록 만들어라.

외부의 압력을 거부하라. 자신이 정말로 원하는 결혼식이 어떤 것인지 이해하라. 두 사람의 꿈에 대해 차분히 이야기를 나눠보자. 성대한 결혼식을 원하는 사람이 본인인가, 부모님인가? 좀 더 간소하고 친밀한 모임으로 만족할 수 있는가? 자신은 검소한 결혼식을 하고 싶은데 부모님은 화려한 결혼식을 원한다면 모두 만족할 수 있는 타협점을 찾아보라. 부모님이 자신들의 친구와 친척을 초대하고 싶어 할 수 있으니 그들을 실망시키고 싶지는 않을 것이다. 하지만 자신의 손님을 초대할 때는 결혼 25주년 기념식에서도 보고 싶은 사람인지 먼저 생각해보라. 그렇게 가까운 사이가 아니라면 굳이 초대해야 할 이유가 없다. 당신과 부모님이 결혼식에 쓰려고 생각하는 돈을 일부 절약해서 멋진 신혼여행이나 일주년 기념 파티, 주택 할부금에 쓰는 것도 생각해볼 만하다.

결혼식 날은 결혼 50주년에 이를 때까지 두 사람이 함께할 1만 8천 일이 넘는 날들 중 하루일뿐이다. 기억에 남아야 할 스물네 시간이지만 '완벽' 할 필요는 없다. 무슨 일이 생기든 결혼은 시작일 뿐이다.

(4) 중요한 것에 집중하라 — 결혼 서약, 신혼여행, 마음가짐

스트레스가 심하고 기둥뿌리가 흔들릴 정도로 호화로운 결혼식으로 흐르지 않고, 즐겁고 의미 있는 결혼식이 되게 하려면 최소한 청첩장 형식이나 접대할 음식을 고르는 데 드는 시간만큼 결혼 서약서를 쓰는 데 시간을 들이면 된다.

결혼식은 단순한 축하연이 아니다. 공식적인 약속의 자리이며 사적인 계약의 자리이다. 결혼식에서 신부와 신랑은 두 사람의 사랑을 선언하고, 평생의 관계를 시작한다는 약속을 한다. 그리고 보통 친구와 가족, 공동체가 이를 목격하고, 종교 지도자나 정신적인 지도자가 축복해주며, 국가가 기록하고 승인한다.

결혼 서약은 목숨이 다하는 날까지 건강할 때나 아플 때나 서로를 사랑하고 존경하고 소중히 여기며 지지하겠다는 약속이다. 결혼식에서 어떤 서약을 하기로 정하든 — 선택은 당신에게 달려 있다 — 서약의 말은 결혼 생활의 초석이 될 것이다. 결혼 생활은 서로에게 한 그 약속을 얼마나 충실히 지키느냐에 달려 있다. 이런 약속의 말에 시간과 관심을 쏟는 것은 당연한 일이다. 두 사람의 관계에서 특별한 점과 앞으로의 결혼 생활에 바라는 점을 담은 서약의 말을 준비하라. 함께 살아가는 동안 그 서약의 말을 자주 떠올리게 될 것이다.

신혼여행도 중요하다. 신혼여행은 단순한 특별 휴가가 아니다. 특별한

흔히 저지르기 쉬운 결혼 실수를 피하라

이 중대한 행사를 준비하다보면 분위기에 휩쓸려 행복한 결혼 생활의 시작이라는 진정한 목적을 잊게 되기 쉽다. 다음은 흔히 일어나기 쉬운, 피해야 할 결혼 실수들이다.

- **지나친 지출**: 많은 커플이 결혼식을 위해 감당할 수 있는 것보다 더 많은 돈을 쓰고 있으며, 이로 말미암아 신혼생활에 심각한 재정적, 감정적 어려움을 초래하는 경우도 발생한다.
- **결혼 때문에 빚을 지기**: 요즘 시대의 결혼은 과거 어느 때보다 돈이 많이 든다. 게다가 요즘에는 점점 더 많은 사람들이 몇 십 년 전보다 더 늦은 나이에 결혼을 하면서 결혼 비용을 스스로 부담한다. 많은 커플이 자신들이 원하는 결혼을 할 수 있고 스스로 비용을 부담할 수 있다고 생각한다. 그리고 많은 커플이 빚을 진다.

크레이튼 대학에서 진행한 연구에 따르면 결혼 빚은 서른 살 이하 커플들에게 가장 흔하고 가장 심각한 갈등 요소라고 한다. 전 연령대를 대상으로 한 조사에서는 시간 관리, 성적인 문제에 이어 결혼 생활의 세 번째 큰 문제로 나타났다.

이런 흔한 결혼 실수를 피하기 위해서는 의미 있고 감당할 수 있는 수준의 결혼식을 해야 한다. 단 하루의 호사스러운 결혼식 보다는 두 사람만의 특별하고 멋진 신혼여행을 계획해 보자. 혹은 집을 장만하거나 장차 아이가 생길 경우에 대비해 돈을 얼마간 따로 떼어 놓자. 그리고 결혼식 날을 최대한 즐겨라.

일생의 추억을 만들 기회이다.

《잘 사는 부부의 여덟 가지 중요 특성》에서 수잔 페이지는 이렇게 말한다. "결혼 서약과 더불어 신혼여행은 두 사람을 부부로 만들어주는 그들만의 특별한 역사의 한 부분이다. 두 사람 외에는 그 누구도 그때의 기분이 어땠는지 정확히 알지 못한다. 열정이 최고조에 이르렀던 그 순간은 평생 두 사람에게 영감과 동기와 새로워진 사랑을 줄 수 있는 원천이 된다."

즐겁고 의미 있는 결혼식이 되게 하려면 최소한 청첩장 형식이나 접대할 음식을 고르는 데 드는 시간만큼 결혼 서약서를 쓰는 데 시간을 들이면 된다.

(5) 동반자이자 연인으로서 즐겁게 살라

진짜 결혼은 호텔 연회장이나 교회, 절에서 이루어지는 것이 아님을 명심하라. 결혼은 평생의 동반자이자 연인이 되겠다고 약속하는 순간 두 사람의 마음속에서 이루어진다. 그리고 서로에게 '그날부터 두 사람의 목숨이 다하는 날까지' 매일 서로를 사랑하고 존경하며 소중히 아껴주기로 한 그 약속을 새롭게 되풀이하면서 거듭해서 이루어진다.

즐거운 인생
함께 만들어 가기

Building a Joyful Life Together

6

애정이 담긴 대화를 하라: 분노는 빨리 해소하라

♌

나는 사랑받기 원할 뿐만 아니라 사랑한다는 말도 듣고 싶다.
침묵은 죽음보다 광활하므로.
―조지 엘리엇

두 사람이 함께하는 인생의 바탕은 매일 서로에게 쓰는 말투와 사소한 일에서, 그리고 서로를 대하는 태도에서 결정된다. 따뜻한 음성, 상냥한 손길로 모든 것이 달라질 수 있다. 애정 어린 말과 사려 깊은 행동에는 서로를 향한 사랑과 존경이 투영된다. 자신의 인생에서 일어나고 있는 일들을 상대와 공유할 때 이해와 사랑이라는 튼튼한 기반이 만들어진다.

서로 사랑하고 평생 함께하기를 약속한 두 사람 사이의 좋은 대화란 바다로 흘러가는 잔잔한 강물처럼 자연스럽게 흐르는 거라고 생각할지도 모르겠다. 하지만 입을 열어 마음속 이야기를 하는 것이 늘 바라는 대로 되는 것은 아니다. 분명하고 솔직한 대화를 위해서는 학습하고 연습해야 하는 기술과 습관이 필요하다. 입에서 나오는 말과 함께 몸으로 하는 말에 대해서도 주의해야 한다. 보디랭귀지, 얼굴 표정, 그리고 가장 중요한 태도, 이 세 가지는 입에서 나오는 문장만큼이나 분명하게 생각과 감정을 전달한다.

평생의 동반자인 두 사람 사이에 늘 애정 어린 대화가 이루어지도록 하기 위해서는 분노를 재빨리, 온화하게 처리하는 법을 배우는 것도 매우 중요하다. 거기에는 많은 보상이 따른다. 가정을 평화로운 곳으로 만들뿐만 아니라 신뢰가 쌓이고 유대감도 깊어질 것이다.

분노를 유용한 경고 신호라고 생각하라. 그것은 누군가의 욕구가 충족되지 않고 있다거나, 상처를 받고 있다거나, 뭔가가 잘못되었다는 신호이다. 행복한 결혼 생활은 두 사람이 서로의 차이와 분노를 표현하고 해결할 수 있는 안전한 장소를 제공해준다.

행복한 관계에서도 가끔 분노와 갈등의 순간은 생긴다. 성숙한 두 인간이 서로에 대해, 그리고 문제에 대해 생각이 깊으면 이따금 서로 다른 점과 의견 차이가 생기기 마련이다.

갈등을 피하는 것은 해결책이 아니다. 가능한 한 빨리, 차분하게 화를 푸는 것이 해결책이다. 말다툼을 피하는 커플은 서로의 차이를 직시하고 평화적으로 해결하는 커플보다 이혼할 확률이 더 높다. 분노를 유용한 경고 신호라고 생각하라. 관계에 이상이 생긴 것이 아니라 관심이 필요한 어려운 부분이 있다는 경고이다. 그것은 누군가의 욕구가 충족되지 않고 있다거나, 상처를 받고 있다거나, 뭔가 잘못되었다는 신호이다. 행복한 결혼 생활은 두 사람이 서로의 차이와 분노를 표현하고 해결할 수 있는 안전한 장소를 제공해준다.

워싱턴 대학의 심리학 교수이자 시애틀 가정 연구소의 공동 설립자인 존 고트먼은 말한다. "어느 정도의 갈등은 필요해요. 장기적으로 결혼에 해가 될 수 있는 행동이나 서로를 대하는 방식을 솎아내는 데 도움이 되니까요."

가끔 빚어지는 갈등은 두 사람이 서로 가장 좋아하고 싫어하는 게 무엇인지, 어떤 걱정을 하고 어떤 믿음을 갖고 있는지 더욱 잘 이해할 수 있는 기회가 된다. 행복한 부부는 서로의 의견 차이를 빨리, 부드럽게 해결하는 법을 배우거나 서로의 차이를 인정한다. 그리고 이런 패턴이 습관이 될 때 그들의 관계는 더욱 단단하고 만족스러워진다.

"우리도 가끔 화를 낼 때가 있어요." 제리가 말한다. "하지만 우린 처음부터 화난 채로 잠자리에 드는 일은 없어야 한다는 데 동의했죠. 릴로와 난 서로에게 좋은 말을 하는 게 얼마나 중요한지 알고 있어요. 사소하지만 가령 '아이들이 차의 뒷자리에서 싸울 때 당신이 정말 잘 처리해줬어요.' 라거나 '늦어서 너무 미안해요. 진짜 일찍 오려고 했는데.' 같은 말이죠. 우린 굿나잇 키스 없이 잠자리에 드는 일이 거의 없어요."

대화의 기술

(1) 상대의 말을 듣는다

상대의 말에 적극적으로 귀를 기울이는 것만큼 자신의 사랑을 전하고 상대를 인정하는 행동은 없다. 행복한 부부는 상대에게 마음속 이야기를 할 수 있을 뿐만 아니라 자신이 말할 때 상대가 들어줄 것이라고 믿는다.

논쟁은 한쪽이나 양쪽 모두 상대가 자신의 말을 들어주지 않는다고 생각할 때 일어난다. 상대의 말을 끊지 말라. 행복한 커플은 연인이나 배우자가 어떻게 지내는지 알아보는 데 뜸을 들이지 않는다. 서로 상대가 아침에 일어날 때, 하루를 보낼 때, 밤이 되어 잠자리에 들어갈 때 무슨 생각을 하는지 알고 싶어 한다.

적극적으로 듣기 위해서는 상대의 입장이 되어보는 것이 가장 좋은 방법이다. 상대가 이야기를 하면 말뿐만 아니라 말투에까지 귀를 기울여라. 그리고 자신이 상대와 똑같은 상황이 되었다고 느껴보라. '나라면 그렇게 생각하지 않을 거야.' 라거나 '난 이 상황을 어떻게 하면 바로 잡을 수 있는지 알고 있어.' 라고 생각하지 말라.

판단하지 말고, 어떤 것도 고치려 들지 말고, 그냥 듣기만 하라. 상대와 같은 감정을 느끼려고 노력해보라. 상대가 당신이 한 말에 상처를 입었다면 당신 자신이 그런 말에 상처 입었다고 상상해보라. 자신을 방어하려고 하지 말라. 상대의 입장이 되기 위해서는 이해에 방해가 되는 요소들을 없애야 한다.

자신이 듣고 있다는 것을 상대에게 보여주는 가장 좋은 방법은 질문을 하고 "좀 더 말해줘요."라고 말하는 것이다. 그러면 상대는 당신이 자신에게 주의를 기울이고 있고 걱정하고 있다는 것을 느끼게 될 것이다. 이것은 당신이 상대를 이해하고 있음을 확인시켜주는 가장 좋은 방법이기도 하다.

우리는 흔히 상대를 너무나 잘 알고 있기 때문에 그 사람이 무슨 생각을 하는지 틀림없이 알 수 있을 것이라고 생각한다. 하지만 오해로 이어지기 쉬운 표면 아래의 속마음을 끌어내는 데는 실패한다.

상대에게 당신이 이해하고 있다는 것을 알리기 위한 쉬운 기술이 한 가지 있다. 상대가 한 말을 반복하는 것이다. 조금 다르게, 그러면서 상대가 말하려는 뜻에 맞게. 가령 이렇게 말할 수 있다. "알았어요. 그러니까 내가 말로는 그러겠다고 해놓고 실제로 저녁 시간에 맞춰 집에 오지 않으면 그런 시간도 안 낼 만큼 당신에게 무심하다는 기분이 든단 말이지?"

성급하게 자신을 방어하려고 하거나 대답하려고 들지 말라. 그냥 이해하라. 그러면 적당한 해결책이 떠오를 것이다. "미안해요. 당신한테 그렇게 중요한 일인지 몰랐어. 내가 당신에게 무심하다고 생각할지 정말 몰랐어. 하지만 사실은 그렇지 않아요. 내일 다시 해봅시다. 이번에는 일찍 들어올게."

안젤라는 남편 팀이 '특유의 차분한 방식'으로 관심을 보여준다고 말한다. 바로 이야기를 들어주는 것이다.

"남편은 내가 하는 말을 늘 들어줘요. 그 점이 좋아요. 우리 가족은 소리를 지르지 않고는 말을 못하는 사람들이었죠. 이탈리아계 대가족이었거든요. 그래서 내 말을 들어주는 사람이 있다는 게 좋았어요. 내가 하는 일과 내가 하는 생각에 관심을 기울여준다는 게 말이에요. 남편은 내가 만난 다른 남자들과 달랐어요. 36년이 지난 지금도 남편은 여전히 제 말을 잘 들어준답니다."

(2) 사랑과 존경을 담아 말한다

우리는 모두 사랑받고 인정받고 존경받고 싶어 한다. 겉으로는 아무리 자신만만해 보여도 거친 말에 깊은 상처를 받을 수 있는 섬세한 사람들이다. 특별한 경우나 훌륭한 일을 해냈을 때가 아니라도 우리는 정기적으로 상대로부터 긍정적인 말을 들어야 한다.

행복한 커플은 일상적으로 서로를 칭찬한다. 그들은 함께 있는 게 얼마나 즐거운지, 서로가 인생의 동반자인 것이 얼마나 좋은지를 겉으로 표현한다. 그런 감사의 표현은 상호간에 믿음과 좋은 감정을 쌓고, 그 말을 들은 상대는 그것을 잊지 않고 애정 어린 말로 보답하게 된다. 그렇게 해서 좋은 감정이 계속 쌓여나가는 것이다.

감사의 표현은 상호간에 믿음과 좋은 감정을 쌓는다.

서로 존중하는 소통 방식은 다른 사람들 앞에서도 지속되어야 한다. 상대가 편할 수 있도록 배려하며 행동하는 것이 중요하다. 흔히 생일과 기념일은 오해가 생길 수 있는 대표적인 경우이다. 어떤 사람들은 많은 사람을 초대해 떠들썩한 생일 파티를 열어주는 것을 좋아한다. 상대가 자신을 특별하게 생각한다는 느낌을 받기 때문이다. 그런 반면에 깜짝 파티나 레스토랑에서 초를 꽂은 생일 케이크를 받는 것조차 창피하고 불편하게 생각하는 사람들도 있다. 상대의 기분이 어떨지 생각하고, 그것이 당신과 다르다고 해도 그 기분을 존중하라.

신디와 23년 동안 행복하게 살고 있는 래리는 결혼 초의 몇 년을 기억한다. 그 시절 래리는 아내에게 사랑한다는 말을 거의 하지 않았다. "아내가 처음 그 이야기를 꺼냈을 때 전 이렇게 말했죠. 결혼할 때 사랑한다고 했잖아. 변한 건 없어. 변했다면 당신한테 말했을 거야. 난 엔지니어야. 엔지니어는 모든 걸 단순하게 생각하는 경향이 있지."

신디는 남편이 무례하거나 고마워할 줄 몰라서가 아니라 그게 그의 방식이라는 것을 알았기 때문에 그 말을 웃어넘길 수 있었다. 하지만 그녀가 먼저 모범을 보이며 부드럽게 이끌어주자 래리는 감정이 변하지 않았어도 자신이 얼마나 아내를 사랑하는지를 좀 더 자주 표현하게 되었다.

(3) 당신의 소통 방식은?

개인마다 특유의 소통 방식이 있다. 말이 빠른 사람이 있는가 하면 느린 사람도 있고, 강제적이고 극적인 사람이 있는가 하면 감정을 억제하는 조용한 사람도 있다. 그 소통 방식에 옳고 그르다는 정해진 기준이 없다는 것을 이해하면 서로의 차이를 인정하고 수용할 수 있다.

중간 지점을 찾고자 노력하라. 말이 빠른 사람은 상대의 말을 끊지 않는 법을 배워야 하고, 말이 느린 사람은 상대의 흥미가 사라지지 않도록 말을 빨리 해야 한다는 생각을 버려라. 처음 만났을 때 왜 서로의 다른 점에 끌렸는지를 기억하라. 말이 빠른 사람은 재치 있고 매력적으로 보였을 것이고, 말이 느린 사람은 느긋하고 신중해 보였을 것이다. 서로의 다른 접근법을 한편으로 각자 자신의 날카로운 면을 가다듬고 좀 더 깊은 대화를 할 수 있게 하는 기회로 활용하라.

데이브 모이러는 자신의 유머집《당혹한 아내들: 행복한 결혼 생활을 위해 약간 도움이 되는 가이드북》에서 이렇게 말했다. "행복한 결혼은 '완벽한 커플'이 이루어졌을 때 성립되는 것이 아니라 완벽하지 않은 커플이 서로의 차이를 즐기는 법을 배울 때 성립된다."

남자와 여자는 의사소통에서 서로 다른 경향을 보인다. 데보라 테넌 같은 학자들은 이 성별에 따른 차이 가운데 남자는 문제를 해결하기 위해 대화를 하고 여자는 감정을 표현하기 위해, 상대와 이어지기 위해, 친밀감을 쌓기 위해 대화한다는 점을 가장 중요하게 꼽았다.

예컨대, 여자가 일을 마치고 집으로 돌아와 남편에게 이렇게 말한다고 치자. "상사가 오늘 나한테 뭐랬는지 알아요? 못된 자식." 그러면 남편은 아내의 이야기를 잠자코 듣는 대신 이렇게 끼어들지 모른다. "새 직장을 찾든지, 그만두는 게 어때?"

아내는 남편이 자신의 이야기를 듣고 공감해주기를 바랐고, 남편은 문제에 대한 해결책을 제시해 아내에게 도움을 주고 싶었다. 하지만 아내는 남편이 자신의 상황에 대해 잘 들어보려고 하지 않는다는 생각에 화가 나고, 남편은 구체적인 방법을 제시하고 싶었는데 아내가 화를 내는 것에 혼란스러워 한다.

하지만 두 사람 모두 각자 할 수 있는 최선을 다하고 있다. 아내는 감정을 공유하려고 하고, 남편은 문제를 해결하려고 한다. 다만 서로의 필요와 동기를 오해했다. 친밀한 순간이 될 수 있었던 기회가 싸움으로 변한 것이다.

부부는 여자와 남자의 대화 방식은 서로 다를 수 있으므로 서로 상대가 이야기하는 방식에 적응하는 법을 배워야 한다는 점을 깨달아야 한다. 상대에게 무엇이 중요한지 서로 듣고, 이해해야 한다.

아내가 처음부터 해결책이 필요한 게 아니라 기분을 털어놓고 마음속에서 내려놓고 싶은 거라고 남편에게 이야기했다면, 남편은 아내에게 필요한 것이 무엇인지 알고 편하게 이야기를 들어줄 수 있었을 것이다.

그리고 남편이 처음부터 아내의 이야기를 듣고 공감해주었다면, 아내는 그의 말을 좀 더 열린 마음으로 받아들였을 것이다. 나중에 해결책을 생각해보고 싶다면 말이다. 이것이 바로 서로의 다른 접근법을 존중하고 필요한 것을 얻는 방법이다.

(4) 원하는 것을 요구한다 — 원하는 것이 변했을 경우에는 특히

더할 나위 없이 간단한 일이지만, 사람들은 자신이 정말로 무엇을 원하는지 말하지 못하고 망설이는 경우가 많다. 거기에는 여러 가지 이유가 있다. 자신이 무엇을 원하는지 정말 몰라서일 수도 있고, 상대에게 거절당해 자신이 사랑받지 못하고 거부당했다는 기분이 들까 봐 무서워서일 수도 있다. 혹은 자신의 요청이 주책없고 이기적으로 들릴까 봐 창피하고 걱정스러워서일 수도 있다. 그럴 때가 아니라고 느끼거나, 혹은 원하는 것을 말하면 막상 그것을 얻었을 때의 즐거움을 망치게 된다고 생각할 수도 있다. 말하지 않아도 상대는 내가 무엇을 원하는지 마법처럼 알아야 하니까.

행복한 커플은 자신들이 정말로 원하는 것이 무엇인지 스스로 알아내고 상대에게 구체적으로 설명해서 분명하게 요구해야 한다는 것을 알고 있다. 중요한 것은 이전의 방식을 비판하는 게 아님을 먼저 알리는 것으로 시작해야 한다는 점이다.

"우리가 사랑을 나누는 방식이 정말 좋고, 정말로 만족하고 있어요. 다만 이런 걸 시도해보면 어떨까 해요." 이런 식으로 이야기를 시작하면 상대가 자신을 방어하지 않고 당신의 요청을 차분히 생각해 보게 할 수 있다. 또한 당신의 요청에 긍정적인 대답을 할 가능성도 높아져 두 사람 모두 더 행복해질 수 있다.

원하는 것이나 필요한 것이 변했을 때는 상대에게 감추지 말라. 예를 들어, 결혼 초기에는 재미있다거나 경제적으로 여유가 없다는 이유로 서로 '재미있는 소품' 이상의 생일 선물은 하지 않기로 했지만 함께 지낸 지 몇 년이 지난 후에는 좀 더 진지하고 로맨틱한 생일 선물로 상대를 놀래 주고 싶은 마음이 들 수 있다. 원하는 것이 바뀌었다는 사실을 상대에게 알리는 것이 중요하다. 말하지 않아도 상대가 스스로 당신의 마음을 읽어 주길 기대하지 마라.

(5) 비판과 비난, 침묵은 피한다

비판은 사랑하는 관계에 큰 장애물이 될 수 있다. '당신은 늘' 이라거나 '당신은 절대' 라는 말로 시작되는 비난을 피하라. 이런 말들은 관계를 파괴할 뿐이다. 상대에게 자신이 원하는 것을 이해하게 하려면 부정적인 말보다는 긍정적인 말이 더 효과적이다.

상대가 신경에 거슬리는 말이나 행동을 해도 비판하지 말고, 자신의 감정에 대해 이야기하라. "당신이 ……하면 기분이 상해요."라거나 "당신이 ……할 때가 더 좋아요."라고 말하라. 그러면 상대는 방어적인 태도를 취하지 않고 당신의 이야기를 들어줄 것이다. 그것이 행복한 동반자 관계를 위한 최고의 분위기를 만드는 바탕이다.

목소리가 높아지는 것이 느껴지면 말을 멈추고 잠시 쉬면서 두 사람이 서로 얼마나 사랑하는지 생각해보라. 애초에 문제점에 대해 이야기하려던 것도 서로 사랑하기 때문이니까.

상대의 말이 끝나기 전에 화제를 바꾸거나 끼어들려고 하지 말라. 그러면 상대는 당신이 자신에게 관심을 갖지 않는다고 생각할 것이다.

솔직해져라. 하지만 그와 동시에 신중하고 요령 있는 태도를 갖춰라. 행복한 커플은 상대에게 상처가 되지 않을 지를 먼저 생각하고 나서 마음속 이야기를 꺼내도록 조심한다고 한다. 그들은 또 상대에 대해 부정적인 면보다는 긍정적인 면에 초점을 맞추려 노력한다.

"우린 비밀이 없어요." 린다와 9년째 행복하게 살고 있는 컴퓨터 전문가 닉의 말이다. "하지만 의식의 흐름에 충실한 나머지 뭐든 생각나는 대로 말하는 사람은 멍청이라고 생각해요. 말을 할 때는 요령이 아주 중요하죠."

무슨 일이 있어도 대화를 포기하지 말라. '침묵'은 재난으로 이어질 뿐임을 알아야 한다. 인내심과 사랑으로 끊임없이 대화하라. 자상하고 사려 깊게 행동할 때마다 당신은 관계를 풍성하고 안정적으로 만드는 선택을 하고 있는 것이다. 반면에 침묵은 때로는 분노의 말보다 더 나쁠 수 있다. 침묵은 상대에게 '마음 읽기'를 강요하기 때문이다. 경험해본 사람은 알겠지만 마음을 읽으려다가는 십중팔구 더 깊은 오해로 이어지기 마련이다.

인내심과 사랑으로 끊임없이 대화하라. 자상하고 사려 깊게 행동할 때마다 당신은 관계를 풍성하고 안정적으로 만드는 선택을 하고 있는 것이다.

(6) 바디랭귀지가 중요하다

바디랭귀지도 말처럼 의사를 분명하게 전달하는 수단이 될 수 있다. 동시에 마음속 생각을 잘못 전달하는 수단이 될 수도 있다. 예를 들어, 서 있거나 앉아 있을 때 가슴 위로 팔짱을 끼는 것이 당신에게는 단순한 습관일 수 있지만 다른 사람들에게는 당신이 그에 대해 자신을 방어하는 것처럼 보여 무관심하고 방어적인 사람이라는 인상을 줄 수 있다. 다시 말하면 상대의 이야기에 마음을 열고 있지 않다는 메시지를 전달하는 것이다.

표정도 중요하다. 상대와 눈을 마주치는 대신 창밖을 내다보거나 방 건너편을 쳐다보고 있다면 상대와 있는 것이 지루해 다른 생각을 하고 있다는 인상을 주거나 심한 경우에는 정직하지 못하고 상대와 당당하게 눈을 마주치지 못하는 사람이라는 인상을 줄 수도 있다.

이런 단순한 표정 하나가 좋게 보면 초조감, 나쁘게 본다면 최악의 경우 경멸감까지도 전달할 수 있다. 이런 인상은 관계를 가깝게 만들어주는 것이 아니라 긴장과 적대심을 키운다.

싸움의 기술

(1) 논쟁을 빨리 해결하라

행복한 커플은 의견 차이가 분노로 번지지 않도록 노력한다. 기분이 좋지 않으면 그 사실을 상대에게 말하고, 자신을 방어하려 하지 않고 비난과 악담을 피하며 공개적으로 문제를 다룬다. 앤 랜더스는 자신의 신문 조언 칼럼난에 이런 글을 쓴 적이 있다.

"모든 부부는 사랑을 나누는 기술만큼 싸움의 기술도 익혀야 한다. 좋은 싸움은 객관적이고 정직하며, 절대 잔인하거나 악의적이지 않다. 좋은 싸움은 건강하고 건설적이며, 결혼에서 두 사람이 동등한 동반자 관계라는 원칙을 심어준다."

(2) 분노의 뿌리를 이해하라

배우자가 당신에게 일부러 상처를 주거나 자극하고 있다고 성급히 결론 내리지 말라. 서로의 차이점을 있는 그대로 이야기하라. 예전의 싸움이나 지금과 상관없는 불만은 꺼내지 말라. 사람들은 화가 나면 생각나는 대로 옛날 일까지 아무 불평이나 쏟아내는 경향이 있다. 현재의 문제에 대해서만 이야기하라.

상대가 화를 내는 이유가 그 사람이 깊이 마음 쓰고 있는 민감한 부분을 당신이 건드려서일 수도 있다는 점을 이해하라. 같이 화를 내고 싶은 유혹을 물리쳐라. 공격적이고 무례하고 부정적인 태도를 취하지 않도록 조심하라. 상대를 통제하려고 들면 화는 커지기만 할 뿐이다.

두 사람 모두 화를 내게 되면 대체 무엇 때문에 화가 났는지 절대 알아내지 못한다. 해결책을 찾는 길이 요원해지는 것이다.

모든 부부는 사랑을 나누는 기술만큼 싸움의 기술도 익혀야 한다. 좋은 싸움은 건강하고 건설적이며, 결혼에서 두 사람이 동등한 동반자 관계라는 원칙을 심어준다.

잘못이 어느 쪽에 있든 간에 말을 하기보다는 듣기를 더 많이 하라. 디오게네스는 "우리에게 귀가 둘, 혀가 하나인 이유는 더 많이 듣고 말은 적게 하기 위해서이다."라고 말했다. 장기적으로 보면 두 사람이 화내는 시간은 결국은 같다.

때로는 상대가 무엇 때문에 화를 내는지 이유를 알아내기 어려울 때가 있다. 하지만 경험상 그 이유는 주로 아주 단순한 것에서 시작된다.

"우린 쉬운 문제를 아주 어렵게 찾았어요." 베키의 회상이다. "어느 금요일이었죠. 우린 어떤 영화를 보러 갈지를 놓고 대판 싸움을 벌였다가 그날 저녁의 계획을 모두 취소해 버릴 뻔했어요. 레스토랑에 자리를 잡고 앉아서 바구니에 든 빵을 모두 먹어치우고 나서야 우리 둘 다 배가 고팠다는 생각이 들더군요. 배를 조금 채우고 나니까 어떤 영화를 보러 갈지 금방 정해졌어요."

"그날 밤을 생각하면 우린 아직도 웃음이 나와요." 알란이 덧붙인다.

"이제 우린 저녁 식사 때쯤 싸움이 시작되면 잠깐 멈추고 빨리 먹을 걸 찾는답니다."

말다툼이 시작되면 잠시 멈추고 자신과 상대에게 한 번 물어보자. 혹시 배가 고픈 건 아닌지, 유난히 피곤하다거나 무리하게 일을 했다거나 아프거나 스트레스를 받고 있다거나 약 먹을 때를 놓쳤다거나 건강이나 업무, 가족 문제로 걱정을 하고 있는 것은 아닌지.

이런 상황들 때문에 말다툼이 악화될 수 있다. 일시적으로나마 이런 문제들을 해결하라. 간식을 먹거나 낮잠을 자거나 산책을 한 후에 갈등의 원인이 되었을 진짜 문제를 찾아라.

(3) 관심을 받기 위해 분노를 이용하지 마라

행복한 부부도 때로는 화를 내야만 상대의 관심을 받을 수 있다는 사실에 절망스러워 할 때가 있다. 하지만 더 좋은 방법들이 있다.

긴장감과 분노를 해소해서 마음을 진정시키지 못하면 마음을 괴롭히는 것이 뭔지 진실을 알 수가 없다. 그러면 절대 해결책을 찾을 수 없다.

분노는 두 사람 사이에 거리를 만든다. 상대가 자신이 화를 내는 이유에 대해 당신이 무관심하다고 느끼는 것 같으면, 상대에게 당신이 듣고 있다는 것을 알려라. 해결책이 없어도 서로에게 관심을 기울이다보면 두 사람은 더 가까워질 것이다.

(4) 옳은 사람도 틀린 사람도 없다

"어떨 때는 지는 것보다 이기는 게 더 안 좋을 때가 있어요." 빌리 홀리데이는 이렇게 말한 적이 있다. 싸움의 목적은 두 사람 다 만족하는 해결책을 찾는 것이지 누가 '옳은지'를 증명하기 위해 '이기는' 것이 아니다. 어느 한쪽이 옳지 않아도 서로 합의에 이를 수 있듯이 두 사람의 의견이 맞지 않는다고 해서 한 사람이 꼭 틀려야 할 필요는 없다.

프랜신과 13년 동안 부부로 살고 있는 도널드는 말한다. "우리의 결혼이 성공적인 건 우리 둘 다 서로의 차이점을 평화적으로 해결하는 데 기꺼이 시간을 낼 마음이 있다는 점 덕분이라고 봐요."

분노의 원인이 자신의 행동 때문이든 상대의 행동 때문이든 두 사람 모두 해결책을 찾는 데 적극적으로 뛰어들어야 한다. 최고의 해결책은 두 사람이 무엇을 원하느냐에 따라 달라질 수 있다. 어느 한쪽에 분노를 초래한 행동을 바꿔야 할 일차적 책임이 있다고 해도, 다른 한쪽 역시 지속적인 지지를 보내며 변화를 일으키려는 자세가 되어 있어야 한다.

한 번에 한 사람만 화를 낼 수 있다는 점을 명심하자. 상대의 행동에 화가 나거나 상대가 비이성적이라는 생각이 들어도 분노로 반응하지 말라. 그러려면 진정으로 강한 인격과 자아가 필요하겠지만, 그러기 위한 노력을 포기하지 말라. 차분함을 유지하라.

두 사람이 서로 사랑하고 있다는 사실을 상기하고, 지금의 문제가 아무리 심각하게 느껴져도 함께 극복할 수 있다는 것을 명심하라.

혹시 당신은 상대의 분노를 자극하고 있지 않은가?

분노는 여러 가지 이유로 생길 수 있지만, 특히 더 문제를 일으키기 쉬운 행동들이 있다. 아래의 경우들이 혹시 익숙하게 느껴지지는 않는지 확인해보자.

- 상대와 함께 상황을 이해하려고 하기보다는 통제하고 지배하려 한다. 그러면 상대는 자신의 말이 전달되지 않고 무시당했다고 느껴 대개 화가 난다.
- 상대가 제기하는 문제나 불평을 귀담아 듣고 이해하려 하지 않고 무례하게 반응한다. 그러면 상대는 감정을 완전히 표현하지 못했다는 기분이 들어 화가 난다.
- 상대가 성격상 하거나 하지 않는 일, 말하거나 말하지 않은 것에 대한 반응으로 화가 날 수도 있다. 그렇다면 이제는 반복적으로 되풀이되며 상대를 화나게 하는 문제 행동을 바꾸기 위해 노력할 때이다.

결혼 25년차인 조안은 이렇게 말한다.

"우린 두 사람이 한꺼번에 화를 내서는 안 된다는 걸 꽤 일찍 깨달았어요. 이른바 '칫솔 싸움' 이후에 그런 규칙을 정하게 됐죠. 그날 난 2층에서 책을 읽고 있었고, 딘은 아래층 가게에서 목공품을 만들고 있었어요. 난 입에 칫솔을 물고 아래층으로 내려가서 물었죠. '지금 자러 올라올 거예요?' 그러자 남편이 그러더군요. '그래, 그래. 좀 있다가.' 그래서 난 2층으로 올라가 한동안 책을 읽다가 다시 내려갔죠. '자러 올 거예요?' 라고 물으니 딘이 '그래, 조금 후에 간다고 했잖아!' 라면서 같이 화를 내기 시작하는 거예요.

그때 난 그와 섹스를 하고 싶었던 건데 그렇게 말하기에는 창피하잖아요. 난 계단을 여덟 번씩이나 오르락내리락했고, 우린 둘 다 엄청나게 화가 났죠. 난 계속 남편을 방해했고, 남편은 계속 날 무시했거든요.

결국 난 입에 칫솔을 문 채로 남편이 쳐다볼 때까지 기다리다가 말했어요. '나하고 섹스 안 할 거예요?'

그러니까 날 쳐다보면서 그러더군요. '그럼 처음부터 그렇게 말하지 그랬어. 바로 올라갈게!'"

싸움의 목적은 두 사람 다 만족하는 해결책을 찾는 것이지 누가 '옳은지'를 증명하기 위해 '이기는' 것이 아니다.

(5) 과거가 아닌 미래에 집중하라

싸움의 목적은 두 사람 모두 현재와 미래에 만족할 수 있는 해결책을 찾는 것이다. 그러자면 과거보다는 미래에 초점을 맞추는 것이 좋다. 지나간 상처, 지나간 싸움을 끄집어내지 말라. 화가 나는 이유를 이해했으면 앞으로는 달라지게 할 계획을 세워라.

두 사람 다 만족할 수 있는 방법을 생각해보라. 지금 당장 완벽한 해결책이 생각나지 않아도 앞으로 계속 생각하겠다고 서로 약속하라.

행복한 커플에게도 두 사람이 똑같이 만족할 수 있는 해결책이 나타나지 않을 때가 있다. 한 사람은 아이를 사립학교에 보내고 싶어 하고 다른한 사람은 공립학교에 보내고 싶어 할 수 있다. 한 사람은 수영을 할 수있는 따뜻한 곳으로 휴가를 가고 싶어 하는데, 다른 한 사람은 추운 스키

장으로 가고 싶어 할 수도 있다.

이럴 때는 차례대로 서로가 원하는 곳으로 휴가를 가거나 두 사람이 함께 즐길 수 있는 다른 새로운 일을 하는 것이 해결책이 될 수 있을 것이다. 중요한 것은 결국에는 지금과 앞으로 남은 평생에 걸쳐 두 사람이 모두 만족하는 해결책을 찾을 수 있다는 자신감을 서로에게 보여주는 것이다.

(6) 미안하다는 말은 아무리 해도 지나침이 없다

자신이 틀렸을 때는 틀렸다는 것을 인정하라. 그리고 옳든 틀렸든 간에 미안하다고 말하라. 자신의 입장이 옳다는 생각이 들더라도 상대에게 다정하지 못했을 때는 사과하라. 행복한 결혼에는 옳은 것보다 친절한 것이 더 중요하다.

미안하다는 말이 모두 같지는 않다. "그렇게 느꼈다니 미안해."라는 말은 상대에게 문제에 대한 비난을 떠넘기는 말이다. 이 말 속에는 내가 문제가 생기는 데 어떤 식으로든 원인을 제공해서 미안하다는 뜻은 물론이고 상대의 이야기를 들었다거나 이해했다는 의미도 보이지 않는다. 그 말 대신에 이렇게 말하라. "화나게 해서 미안해."

갈등을 평화롭게 해결하기 위한 오그덴 내쉬의 충고를 따르는 것도 좋은 방법이다.

"결혼이라는 컵이 언제나 사랑으로 가득 차게 하려면 자신이 틀릴 때마다 인정하고 옳을 때마다 입을 다물라."

행복한 결혼에는 옳은 것보다 친절한 것이 더 중요하다.

(7) 아이들 앞에서 싸우지 마라

논쟁은 아이들이 듣지 않는 곳에서 하는 것이 가장 좋다. 특히 어린 아이들은 부모의 싸움에 겁을 먹고 혼란스러워할 수 있다.

만약 아이들이 엿들은 것 같으면 함께 앉아서 아무리 행복한 부부도 가끔 의견 차이로 싸울 때가 있다는 것을 아이들에게 설명하라. 싸움은 지극히 정상적인 일이며, 엄마와 아빠가 분쟁을 해결하기 위해 노력하고 있는 것이라는 점을 설명하라. 어른들이 서로의 차이점을 숨기지 않고 대화를 통해 합의에 도달하고 예전과 똑같이 사랑하는 모습을 보여주는 것보다 아이들에게 좋은 본보기는 없다.

프랜신은 아이들에게 싸움이 차분하게 해결될 수 있다는 것을 보여주기 위해 도널드와 함께 노력한다고 말한다. "난 분노가 많은 가정에서 자랐죠. 그래서 내가 자라면서 봐왔던 모습들을 반복하지 않으려고 더 인내하고 이해하려고 노력하고 있어요. 우린 아이들이 여러 면에서 우리를 롤모델로 보고 있다는 걸 알고 있거든요. 특히 우리 결혼 생활을요. 아이들이 있는 데서 심하게 화를 냈던 때를 생각하면 소름이 돋아요. 우리 아이들이 화를 내도 괜찮다고 생각해서 늘 화를 내며 사는 사람이 되거나 분노를 다스릴 줄 모르는 사람과 결혼해도 괜찮다는 생각을 하게 되는 건 싫으니까요."

어른들이 서로의 차이점을 숨기지 않고 대화를 통해 합의에 도달하고 예전과 똑같이 사랑하는 모습을 보여주는 것은 아이들에게 좋은 본보기가 된다.

(8) 화난 채로 잠자리에 들지 마라

앉은 자리에서 모든 문제를 풀지 못했어도 화난 채로 잠자리에 들어서는 안 된다. 내일 계속 이야기하자고 합의할 수도 있지만 밤 동안에는 잠시 화를 잊자는 데 합의할 수도 있다. 서로를 이해하는 쪽으로 한 걸음 가까워졌을 뿐 문제가 해결되기까지는 아직 한참 멀었을지라도 서로의 차이를 성숙하게 다룰 수 있었다는 점을 축하하라.

해리와 조이스는 화난 채로 잠자리에 드는 것을 막기 위해 여러 가지 방법을 쓴다. "전 분위기를 바꾸려고 우스갯소리를 하죠." 조이스는 말한다. "화가 났을 때는 웃기가 어렵지만 웃을 때는 또 화를 내기가 어려우니까요." 이 말에 해리가 덧붙인다. "전 화가 난 이유를 탁자 위에 내려놔요. 그만 끝내고 싶으니까요. 난 한순간 이상 화 내는 걸 좋아하지 않아요. 길어도 두어 시간 정도죠. 절대 며칠씩 가게 놔두진 않아요. 우린 취침 전에 늘 화해하려고 노력하죠."

그날 하루가 어땠든 간에 서로 잘 자라는 키스를 나누고 만족스러운 해결책을 위해 내일도 노력하겠다고 결심하라. 화를 푸는 것도 중요하지만 두 사람이 매일 함께하는 생활을 상대가 좋아하도록 만들어주는 것도 중요하다.

"우리는 잠자리에 들 때마다 서로 상대에게 사랑한다고 말하죠." 패트릭의 말이다. "그리고 서로 잘 자라는 키스를 해요." 루이스가 이야기를 이어받는다. "좋은 하루였으면 진한 키스를 하고 싸움이 있었다면 그냥 뽀뽀로 끝나지만요." 그러자 패트릭이 결론 내리듯 말한다. "그래도 끝은 항상 사랑한다는 말이죠."

부부 관계에서 화를 최소화하려면 애초에 화를 내지 않도록 노력해야 한다. 서로 상대에게 존경을 보여라. (advice 3 '사랑과 존경을 우선하라' 참고) 상대가 당신과 함께하는 인생과 매일의 결혼 생활에 대해 기분 좋아할 일을 하라.

그날 하루가 어땠든 간에 서로 잘 자라는 키스를 나누고 만족스러운 해결책을 위해 내일도 노력하겠다고 결심하라.

7

두 사람 모두 만족하는 섹스를 하라: 유대감을 강화하라

ʊ

연인들의 입술 위에서 영혼과 영혼이 만난다.
—퍼시 셸리

행복한 결혼이란 평생의 동반자이자 연인인 관계이다. 섹스는 서로 사랑을 표현하고 사랑받는다고 느끼게 해주는 강력한 수단이다. 섹스를 통해 두 사람은 서로에게 마음을 열고, 커플로서 함께하는 다른 어떤 일보다 서로를 가깝게 만들어주는 친밀감을 나눌 수 있다. 그래서 섹스하는 것을 '사랑을 나눈다'고 표현하는 것이다.

행복한 결혼 생활을 원한다면 두 사람 모두 멋지다고 느낄 수 있는 섹스를 해야 한다. 두 사람이 모두 만족하고 함께여서 행복하다고 느끼게 해주는 멋진 섹스는 육체적, 정신적 관계에 달려 있다. 섹스는 케이크 겉면에 뿌리는 달콤한 설탕이 아니라 케이크를 만드는 가장 중요한 한 가지 재료이다. 《특별한 7%》에서 그레고리 폽캑은 이렇게 말한다.

"부부는 사랑을 나누는 행위를 통해 이렇게 말하고 있는 것이다. 우리가 서로를 얼마나 사랑하는지 봐요. 우리의 육체마저도 서로에게 이렇게 잘 어울리잖아요!"

행복한 커플은 자신들의 관계를 평생의 연애라고 말한다.

섹스는 부부가 매일 서로에게 보여주는 애정을 먹고 자란다. 섹스와 달리 애정 표현은 횟수가 중요하다. 자주 표현할수록 좋다. 행복한 커플은 자신들의 관계를 평생의 연애라고 말한다. 그들은 온종일, 아침에 작별 인사를 할 때나 복도에서 스쳐 지나갈 때, 설거지를 할 때도 서로 만지고 붙어 있으려고 특별히 노력한다. 대개 섹스로 이어지지 않는다는 것을 알아도 그렇다. 많은 커플이 섹스가 좋으면 생활 속의 다른 모든 것은 저절로 해결된다고 말한다.

"카렌과 전 언제나 사이가 좋아요." 톰은 말한다. "함께 있는 걸 좋아하고, 애정 어린 상태를 유지하기 위해서는 뭐든지 할 자세가 되어 있기 때문에 그럴 거예요. 10년 전쯤, 우리가 결혼한 지 40년이 좀 넘은 때였는데 주말 섹스 워크숍에 참여한 적이 있어요. 그냥 재미로 갔던 거였는데, 덕분에 원래 좋았던 관계가 한층 더 좋아지더군요."

섹스와 달리 애정 표현은 횟수가 중요하다.

행복한 커플은 섹스를 위한 시간을 억지로라도 낸다

멋진 섹스를 위해 가장 중요한 것은 섹스를 위한 시간을 내는 것이다. 무슨 일이 있어도 말이다. 그러기 위해서는 수면 시간이 부족해지거나 토요일 점심 식사를 걸러야 할 때도 있지만 그런 '희생'은 결코 희생이 아님을 알게 될 것이다.

시간이 흐르면 많은 요소가 성 관계의 질과 양에 영향을 미칠 수 있다는 것을 알게 된다. 분위기, 호르몬, 출산, 자신과 상대의 성적 능력, 일의 기복, 가정생활 등이 그런 요소로 작용할 수 있다. 하지만 절대로 바뀌지 말아야 할 것이 한 가지 있다. 행복한 커플들이 주장하는 것처럼 사랑을 나눌 시간을 따로 내는 것이다.

지난 50년 간 세 번 결혼을 한 산드라는 섹스와 결혼에 대해 현명한 관점을 갖췄다.

"두 번 남편을 잃었고, 지금이 세 번째 결혼이에요. 좋은 시절, 나쁜 시절, 사랑과 분노, 슬픔을 모두 겪어봤죠. 하지만 세 번의 결혼을 통해 말할 수 있는 건 섹스가 좋으면 다른 문제는 모두 다 잘 처리되는 것 같다는 거예요."

멋진 섹스를 위해 가장 중요한 것은 섹스를 위한 시간을 내는 것이다. 무슨 일이 있어도 말이다.

연습이 완벽을 낳는다

상대와 자신을 만족시키는 것이 무엇인지 최대한 학습하라. 따로 또는 같이 섹스에 관한 책을 읽어라. 유익할 뿐만 아니라 재미도 있을 것이다. 요리나 기타 실력을 향상시킬 때처럼 멋진 섹스를 하는 방법을 배우는 데도 에너지와 노력을 쏟기 바란다.

좋은 섹스를 하는 법을 함께 배우기 위해서는 자신이 어떤 것에 쾌감을 느끼는지 상대에게 숨김없이 알려주고, 두 사람 모두 만족할 수 있는 새로운 시도를 할 자세가 되어 있어야 한다. 운이 좋으면 이 학습 과정은 절대 끝나지 않을 것이다. 지금까지 어둠 속에서만 사랑을 나눴다면 불을 켜놓거나 아름다운 촛불을 몇 개 밝혀놓고 시도해보라. 키스를 할 때 보통 눈을 감는다면 눈을 크게 뜨고 키스를 해보라. 사랑과 열린 마음과 믿음으로 서로에게 친밀하게 다가가도록 노력하라.

서로의 욕망에 대해 이야기하고, 두 사람이 모두 좋아하는 것에 초점을 맞출 수 있으면 성생활은 점점 좋아질 것이다.

결혼 52년차인 짐과 신시아는 행복한 결혼의 비밀은 자주 섹스를 하고 또 할 때마다 만족스러운 섹스가 되게 하는 것이라고 믿는다.

"섹스는 때에 따라 아주 달라질 수 있어요." 짐이 말한다. "격렬하거나 부드러울 수도 있고, 장난스럽거나 열정적일 수도, 흥분되거나 차분할 수도, 혹은 이 모든 것이 조합될 수도 있죠. 그리고 세월에 따라 달라지기도 하고요. 하지만 한 가지 변하지 않는 건 두 사람 모두에게 만족스러워야 한다는 거예요. 난 두 사람이 함께 오르가즘을 느끼지 못한다면 어느 한 쪽이 게으름을 피우고 있거나 만족하지 못했기 때문이라고 생각해요. 다른 이유는 없어요. 상대를 황홀하게 해줄 수 있어야 해요. 섹스가 끝나면 난 신시아에게 더 많은 사랑을 느끼죠."

좋은 섹스는 침실 밖에서 시작된다: 서로 자주 스킨십을 즐겨라

멋진 섹스는 침실에 들어가기 오래 전부터 시작된다. 섹스는 작은 것들로 시작된다. 상대를 위해 저녁 식사를 준비하는 일, 아침 인사를 하거나 작별 인사를 할 때 서로를 쳐다보는 시선, 옆에 앉아 있을 때 서로를 만지는 손길, 종일 서로를 생각하는 마음 등.

어떤 책에서는 이런 상호 작용을 섹스에 이르는 진짜 전희라고 부른다. 《섹스 가이드: 섹스에 관한 세상에서 가장 멋지고 가장 유용한 책》에서는 "지난 번 섹스 이후로 두 사람 사이에서 일어나는 모든 작용이 전희이다. 옷을 입고 있을 때 서로를 대하는 태도가 섹스 전에 조심스럽게 나누는 키스보다 침대에서 일어나는 일에 훨씬 큰 영향을 미친다."라고 말한다. 섹스를 하는 목적은 쾌락뿐만 아니라 따뜻하고 친밀하고 더 가까워진 느낌을 받기 위해서이다.

도널드와 13년째 결혼 생활을 하고 있는 프랜신은 두 사람의 사랑이 성생활에 반영되어 나타난다고 말한다.

"섹스는 결혼 생활이 얼마나 건강한지 알려주는 척도라고 생각해요.

함께 성장하고 사랑이 깊어질수록 섹스는 점점 좋아지죠. 전에는 그럴 수 있을 거라고 생각하지 않았어요. 하지만 그건 사실이에요. 섹스는 서로 얼마나 사랑하고 있는지 표현하는 수단이죠."

멋진 섹스는 정서적 친밀감과 교감에 달려 있다. 그리고 이런 친밀감은 여러 가지 방식으로 생길 수 있는데, 그중에서도 애정 어린 손길로 서로를 만지는 것이 큰 역할을 한다.

"좋은 섹스에 가장 중요한 건 서로의 손길을 원하는 거라고 생각해요." 캐롤이 이렇게 말하자 50년 넘게 함께 살아온 남편 로널드가 그녀의 손을 잡는다. "내 피부에 상대의 피부가 닿기를 원해야 해요. 우린 그렇답니다." 로널드가 덧붙인다. "1에서 10까지 점수를 줄 수 있다면 우리의 성생활은 11점이죠!"

친밀감은 라이프스타일이다

친밀감은 카마수트라에 나오는 체위들보다 더 복잡하고 훨씬 만족스러운 것이다. 친밀감을 쌓기 위해서는 매일 손을 내밀어 상대를 만지는 것 이상의 노력을 해야 한다. 상대를 진심으로 이해하고 관심을 기울여야 한다. 즉, 자신의 애정을 표현하고 상대의 기분이나 요구에 — 말하든 말하지 않든 — 세심한 주의를 기울이는 것이다. 서로의 성적 환상을 나누고 함께 새로운 실험을 하라. 하지만 상대의 한계와 예민한 부분도 동시에 존중해야 한다.

친밀감은 카마수트라에 나오는 체위들보다 더 복잡하고 훨씬 만족스러운 것이다.

제이미와 결혼 25년차인 조시는 섹스가 언제나 만족스럽지만 가끔 다른 때보다 특히 좋을 때가 있다고 말한다.

"우리 두 사람이 모든 걸 잊고 고스란히 우리 자신이 될 때 최고의 섹스를 할 수 있어요." 조시는 말한다. "세상에서 제일 멍청하거나 제일 섹시한 사람이 되는 거죠. 난 몸과 마음을 열고 남편이 내게 무슨 행위를 하든지 그걸 즐긴답니다. 그리고 그이를 즐겁게 해줄 방법이 생각나면 그게 뭐든 거리낌 없이 행동으로 옮겨서 그이를 미치게 하죠. 남편이 날 이렇게 저렇게 잴까 봐 걱정할 필요는 없어요. 남편을 사랑한다는 걸 이런 식으로도 보여줄 수 있다는 게 좋을 뿐이죠."

얼마나 자주 사랑을 나누는 게 좋을까?

이 질문에 간단히 답할 수 있는 숫자는 없다. 행복한 성생활을 보장해줄 수 있는 횟수 같은 건 없기 때문이다. 어떤 사람들은 다른 사람들보다 더 자주 섹스를 하고 싶어 한다. 하지만 같은 사람의 욕구도 매일 혹은 매주 달라질 수 있다. 중요한 것은 서로의 기분에 대해 대화를 나누어 두 사람의 욕구와 욕망이 일치되도록 해야 한다는 것이다.

두 사람 모두의 욕구를 충족시키는 패턴을 만들려면 약간의 실험이 필요할 수 있다. 우디 알렌의 영화 〈애니 홀〉을 보면 의사가 애니에게 섹스를 얼마나 자주 하는지 묻는 장면이 있다. 애니는 이렇게 대답한다. "끊임없이 해요. 일주일에 세 번." 하지만 같은 질문을 하는 의사에게 알비는 전혀 다른 반응을 보인다. "몇 번 하냐고요? 그건 하는 것도 아니에요. 일주일에 세 번이요."

대개 남자가 여자보다 섹스를 더 자주 하고 싶어 한다고 하지만 현실은 그와 다를 수 있다. 당신이 상대보다 섹스를 더 자주 하고 싶어 하는가? 그렇다면 다음에는 아주 근사한 섹스를 해서 상대가 먼저 더 자주 하자고 다가오게끔 만들어라.

진짜 문제는 '횟수'가 아니라 두 사람의 욕구가 모두 충족되고 있느냐이다. 그러니 자신의 느낌을 표현하는 것을 창피하게 생각하지 말라. 그리고 대화 채널을 늘 열어두어라.

결혼 14년차인 게일과 스티브에게는 사랑을 나눌 때를 알려주는 '커플 시계'가 내장되어 있다. 게일이 무슨 말인지 설명한다.

"아무것도 아닌 일로 소소하게 싸움이 일어나거나 집안일처럼 별것 아닌 일로 서로 짜증을 부리기 시작하면 난 이렇게 생각하죠. 음, 마지막으로 섹스를 한 게 언제였지? 섹스를 할 때가 된 거야. 그리고 섹스를 하고 나면 다시 사이가 좋아지죠."

문제는 발생 즉시 처리하라

궁합이 좋은 커플에게도 성생활이 정체되어 있다거나 완전히 만족스럽지 못하다고 느끼는 순간이 찾아올 때가 있다. 그럴 때 가장 중요한 것은 서로 대화하는 것이다. 예민한 주제를 드러내놓고 이야기하는 것이 어려울 수도 있지만, 함께하는 인생에서 중심적인 부분을 차지하는 이야기를 피한다면 두 사람의 관계는 어색하고 멀어지기만 할 뿐이다.

함께 혹은 혼자서도 섹스에 관한 책을 읽어라. 멋진 섹스가 뭐라고 생각하는지 각자의 생각을 나눠보라. 두 사람이 사랑을 나누면서 가장 좋았던 순간에 대해 이야기를 나눠라. 두 사람 다 차분하고 편안한 기분일 때 어떤 행위가 좋고 어떤 행위가 싫은지, 어떤 것을 함께 해보고 싶은지 논의하라. 서로 상대에게 기쁨과 만족을 주고 싶다는 공통의 목적에 초점을 맞출 수 있으면 말과 몸으로 계속해서 대화를 나누는 한 나머지는 자연히 해결될 것이다.

서로 차분하게 이야기를 나누고 나서도 문제가 사라지지 않는다면 외부의 도움을 구하라. 때로는 부부 수련회나 섹스 전문가, 결혼 문제 전문가와 상담을 함으로써 관계가 놀랍게 향상될 수 있다. 좋은 섹스는 결혼생활의 다른 모든 것이 제대로 굴러갈 수 있도록 도와준다. 섹스에 문제가 생기면 나머지 부분에 대해 균형 있는 시각을 유지하기 어렵다.

팀과 안젤라는 침실 밖의 관계를 향상시키려고 노력하자 침실에서도 큰 변화가 생긴다는 것을 깨닫고 얼마나 놀랐는지 모른다.

"그때 우리는 확실히 권태기였어요." 팀이 말한다. "하지만 우린 성생활만 바꾼 게 아니라 대화에 좀 더 힘을 쏟고 함께 웃으려고 노력했죠. 그리고 그 모든 걸 침실로 가지고 들어갔어요. 어디서 뭘 하든, 부엌에 있든 차를 타고 극장에 가든 언제나 사랑을 나누고 있다는 걸 깨달은 거죠."

"지금은 섹스가 훨씬 즐거워졌어요." 안젤라가 덧붙인다. "팀이 낮에 안부를 물으려고 거는 전화처럼 상냥함과 배려심이 섹스의 한 부분이 되었죠. 우리가 아직까지 하고 있는 게 한 가지 더 있어요. 아이들은 놀리지만 걔들도 그걸 좋아하죠. 아침에 팀이 먼저 나가거나 내가 먼저 나가면 서로 자주 앉는 식탁 자리에 쪽지를 남기는 거예요. 그냥 짧은 쪽지에요. '계속 당신 생각이 날 거야. 빨리 집에 오고 싶어, 사랑해.' 같은 말을 적은 쪽지요."

"그래요." 팀이 맞장구를 친다. "애들도 그걸 좋아하죠. 난 걔들이 결혼하고 나서 '와! 우리 남편도 내 자리에 그런 쪽지를 남길지 궁금해요.' 라고 말하기 전까지는 그걸 좋아하는지도 몰랐어요."

스트레스를 줄이고 욕망을 키워라

고질적인 스트레스는 건강은 물론이고 성생활에도 나쁘다. 서로가 평생 성관계를 즐길 수 있으려면 편안하고 차분한 감정 상태를 유지해야 한다.

충분한 수면을 취하라. 규칙적인 운동으로 긴장감을 털어내고 엔돌핀 수치를 높이고 에너지를 충전하라. (advice 10 '행복하고 건강한 삶을 함께 가꿔라 참고) 긴장을 푸는 방법을 익혀라. 이 모든 단계는 상대를 위해 가장 좋은 모습과 기분을 유지하는 데도 도움이 될 것이다. 그러면 두 사람 사이의 열정을 높이는 데도 도움이 된다.

해리는 건강한 몸이 섹시하다고 믿는다.

"조이스도 그렇지만 전 육체적으로 건강한 게 중요하다고 생각해요. 그래서 우린 매일 산책을 하러 나가서 운동을 하고 신선한 공기를 마셔요. 그러면 균형을 유지하는 데 도움이 되죠. 분위기도 유지되고요. 무슨 뜻인지 알죠?"

섹스에 대한 기대감을 높게 가져라

섹스는 여든이 되어서도 열여덟 살 때처럼 좋을 수 있다. 다를 수는 있겠지만 흥분도와 만족도는 여전하다. 많은 커플이 함께하는 기간이 길수록 섹스가 더 좋아진다고까지 말한다. 그것이 두 사람이 도전할 과제이다.

결혼 14년차인 레베카와 밥은 세월이 갈수록 섹스가 점점 좋아졌다고 말한다. 레베카가 먼저 말한다. "섹스는 우리에게 아주 중요해요. 그리고 시간이 갈수록 더 잘하는 것 같아요. 함께 성장하고 배우고 사랑이 깊어질수록 섹스가 점점 좋아지죠. 섹스는 서로에 대한 감정을 표현하는 방식이에요."

"젊을 때는 욕망이 강해서 섹스가 아주 쉽게 느껴지죠." 밥이 덧붙인다. "우린 서로 몸을 계속 맞대고 있는 것으로 그 욕망을 유지하려고 노력합니다. 특히 알몸일 때요. 아주 많은 것들이 섹스의 즐거움을 더해줄 수 있어요. 상상만큼 좋죠."

더블베드를 써라

그냥 우연일 수도 있지만, 우리는 지난 40년 간 미국의 이혼율 상승 곡선이 킹사이즈 침대의 사용량 증가 곡선과 궤를 같이한다는 것을 발견했다. 누구도 여기에 인과 관계가 있다는 말을 한 적이 없고 행복한 결혼 생활을 하는 수많은 사람이 킹사이즈 침대에서 잠을 자기도 하지만, 우리는 일단 사용해보면 많은 사람이 더블베드를 더 좋아하게 될 것이라고 생각한다.

잠을 잘 때 몸이 맞닿는 것보다 더 좋은 것은 없다. 따뜻하고 안락하고 서로 파고들어 바짝 붙어 있고 싶어지니까 말이다. 우리는 평생 더블베드를 쓰고 있는 사람들을 인터뷰했는데, 그들은 몸이 거의 닿을 듯한 느낌이 좋다고 말한다. 그것은 사랑을 나누고 싶은 분위기를 조성하는 비결이기도 하다. 그들은 절대 침대를 바꾸고 싶어 하지 않는다. 어쩌면 당신에게도 효과가 있을지 모른다.

함께 일하고 함께 결정하라:
돈, 직장, 집안일의 균형 맞추기

＊

더 많은 것을 투자할수록 결혼의 가치는 높아진다.
－에이미 그랜트

함께하는 행복한 삶을 누리고 싶다면 처음부터 함께 결정을 내리는 습관을 들여야 한다. 중요한 문제를 함께 결정하는 것은 서로의 의견과 바람을 존중하고 있다는 뜻이다. 그렇게 결정 과정을 공유하면 두 사람에게 모두 만족스러운 해결책을 찾을 가능성만 커지는 것이 아니라 과정 자체를 통해 서로를 더 잘 알게 되고 서로를 더 많이 믿게 된다. 또 혼자일 때보다는 함께일 때 더 나은 해결책을 찾을 수도 있다.

돈 문제에 대해 어느 쪽이 더 잘 알든, 누가 집안일에 일차적인 책임을 지고 있고, 누가 더 거주하고 싶은 곳에 대한 열망이 강하든, 누가 더 많이 벌고, 누가 더 집 밖에서 일하는 시간이 더 많든 어떤 경우에도 기본 규칙은 변하지 않는다. 어떤 차를 살지, 저녁 식사에 누구를 초대할지, 어디로 소풍을 갈지, 어떻게 투자를 하고 사업을 시작할지, 두 사람에게 모두 영향을 미치는 문제를 결정할 때는 두 사람 모두 참여해야 한다.

"카렌과 난 상의 없이는 절대 큰 결정을 내리지 않아요. '큰' 결정이라고 해서 반드시 돈이 많이 드는 일만 가리키는 건 아니에요." 50년 넘게 행복한 결혼 생활을 이어오고 있는 톰의 말이다. "우린 집안 어디에 그림을 걸지, 벽에 어떤 색 페인트를 칠할지에 대해서도 의논을 하죠. 매일 보는 것들이니까요. 난 '카렌이 이 문제에 대해 말하고 싶은 의견이 있을까?'라고 나 자신에게 물어보죠. 카렌도 마찬가지고요. 그렇다는 대답이 나오면 우리는 시간을 갖고 함께 결정을 내려요. 시간이 좀 더 걸릴 때도 있지만 그만한 가치가 있죠. 그건 우리가 얼마나 서로를 사랑하고 행복하게 해주고 싶어 하는지 보여주는 우리의 방식이니까요."

둘만의 결정 방식을 만들어라

서로의 장점에 맞는 결정 과정을 찾아내는 것이 중요하다. 두 사람에게 가장 잘 맞는 방식을 찾기 위해 우선 몇 가지 패턴을 시도해볼 수 있다. 자기 자신에게 다음과 같은 질문을 해보자.

- 올바른 선택을 하기 위해 두 사람이 함께 자리를 잡고 앉아서 모든 세부사항을 검토하는 것이 좋은가?
- 한 사람이 먼저 조사를 하고 계획을 세우고 난 후 둘이 함께 괜찮은

지 확인하는 것이 좋은가?

• 몇 차례에 걸쳐 의논하는 것이 좋은가, 가능한 한 빨리 결정을 내리는 것이 좋은가?

• 중요한 결정을 위해 서로 돌아가며 주도적으로 조사하는 것이 더 편안하게 느껴지는가?

시간이 지나면 부부로서, 가족으로서 두 사람에게 맞는 패턴을 찾을 수 있을 것이다. 다음은 결정 습관을 들일 때 명심해야 할 중요한 문제들이다.

(1) 동등하게 행동하라

행복한 커플은 서로 동등하며, 각자 상대에게 도움이 될 수 있는 특별한 점을 갖추고 있다고 생각한다. 그들은 중요한 사항은 함께 결정을 내리고, 그 밖의 일은 나눠서 한다. 그렇지 않았다면 어떤 것도 이루어지지 않았을 것이다.

현명한 선택은 강한 의견 충돌의 결과물일 경우가 많다는 점을 명심하라. 모든 결정이 두 사람 모두를 기쁘게 할 수는 없다. 때로는 상황이 굴러가는 대로 따라가야 할 때도 있다. 실제로 목숨이 달린 결정은 거의 없다는 것을 기억하자. 서로에 대한 감정에 영향을 미치는 것은 선택에 이르는 과정이 어떠했느냐이다. 어느 한쪽이 가정의 평화를 위해 늘 양보한다는 생각이 들지 않도록 힘의 균형이 지켜지고 있는지 확인하라.

실제로 목숨이 달린 결정은 거의 없다는 것을 기억하자. 서로에 대한 감정에 영향을 미치는 것은 선택에 이르는 과정이 어떠했느냐이다.

(2) 각각의 선택이 두 사람에게 어떤 영향을 미치는지 생각하라

가령 건강 문제는 한 사람에게만 영향을 미치는 것처럼 보이지만 중요한 의학적 선택을 해야 하는 경우에는 양쪽에 모두 영향이 미친다. 따라서 두 사람이 함께 어떤 선택 사항들이 있는지 조사한 다음 가장 좋은 행동 방침을 선택해야 한다.

아이와 관련된 중요한 문제에 대해서는 천천히 시간을 가지고 아이들이 없는 곳에서 합의를 이루어야 한다. 부모가 아이들에게 공동 전선을 펼 수 있을 때 가족 관계와 결혼 관계가 모두 강화된다.

대가족일 경우 결정 사항이 부부 중 어느 한쪽 부모에게만 영향을 미치는 문제라 할지라도 결정 과정에 배우자를 포함시켜라. 양쪽 부모 모두, 두 사람 모두의 책임이기 때문이다. 두 사람이 모두 만족할 수 있는 해결책을 찾기 위해 노력하라.

가구의 선택이나 예술품의 위치처럼 사소한 문제도 매일같이 생활하고 일하는 환경에 영향을 미치므로 함께 상의하고, 어떻게 하면 서로를 기쁘게 할 수 있는지 이해하는 것이 중요하다.

"릴로와 난 '못생긴 의자' 사건을 생각하면 아직도 웃음이 나와요." 제리가 말한다. "릴로가 의자에 덧씌울 천을 골라서 사무실로 보낸 적이 있어요. 아내는 내 마음에 들 거라고 생각해서 고른 천이었지만 난 별로 마음에 들지 않았죠. 그래도 난 아내 마음에 드니까 골랐을 거라는 생각에 괜찮다고 했어요. 그런데 의자가 수선돼서 왔을 때 우리 둘 다 마음에 안 든 거예요. 아내는 내가 좋아할 거라고 생각했고, 나는 아내가 좋아할 거라고 생각했는데 그렇지 않았던 거죠. 여기서 교훈은 생활과 밀접한 것에 대해서 상대가 뭘 좋아할지 잘 모르겠으면 함께 고르라는 거예요."

두 사람 모두에게 영향을 미치는 부분에 대해 서로 의견을 나누다보면 다른 좋은 점도 생긴다. 각자의 의견을 말할 기회가 생길 뿐만 아니라 두 사람 모두의 마음에 드는 가장 좋은 방법을 찾을 가능성도 높아진다는 것이다.

(3) 서로를 믿어라

문제가 어느 한쪽에게만 중요하다거나 어느 한쪽이 결정을 내리거나 선택을 하는 데 유리한 전문적인 지식을 갖추고 있을 때가 있다. 그럴 경우에는 그 사람 혼자서 결정을 내리게 해주는 것이 시간과 에너지를 절약하는 방법이 될 수 있다. 하지만 혼자서 결정을 내릴 경우에도 어떤 결정이 상대를 만족시킬 수 있을지, 적어도 상대가 받아들일 수 있을지 생각해야 한다. 자신이 무슨 생각을 왜 하고 있는지 상대에게 알려주고, 상대의 의견을 경청하라. 서로의 선택을 믿어라. 그리고 서로에게 상대의 결정을 믿는다고 말하라.

환영받을 거라는 확신이 없는 한, 혼자서 두 사람 모두에게 또는 자녀나

집안의 공동 공간에 영향을 미치는 결정을 내려 상대를 놀라게 하지 말라.

고지서를 제때 납부하고, 좋은 투자 전략을 고르고, 최고의 휴가지나 가장 후원할 만한 자선단체를 찾아내는 등 두 사람 중 어느 한쪽이 특정한 일에 더 솜씨가 좋을 때가 있다. 하지만 한 사람이 주도권을 쥐고 있다고 해도 마지막에 구매를 하거나 결정을 내리거나 지출을 하기 전에는 상대와 의논하는 것이 좋다.

확신이 들지 않을 때는 혼자 결정해서 기정사실로 내놓지 말고 상대와 상의를 하라. 환영받을 거라는 확신이 없는 한, 혼자서 두 사람 모두에게 (또는 자녀나 집안의 공동 공간에) 영향을 미치는 결정을 내려 상대를 놀라게 하지 말라. 결정 과정을 공유하는 것이 해결책 중 하나다. 그럴 때마다 서로가 편해지고 믿음이 쌓인다.

서로 다른 직업을 갖고 함께 두 아들을 키우던 게리와 에블린은 함께 사업을 시작하면서 함께 결정을 내리는 방법에 대해 많은 것을 배웠다.

"처음부터 우린 아주 동등한 관계였어요." 에블린은 설명한다. "사업 모델을 보면 남자가 사업을 운영하고 여자는 경리 일을 보며 보조 역할을 하는 경우가 있지만 우린 그렇지 않았죠. 우린 처음부터 가정이나 사업에서 동등했어요. 각자 자신의 프로젝트와 고객을 갖고 있죠. 중요한 일은 함께 결정하고요."

게리가 말을 잇는다. "우린 서로 의견이 맞지 않으면 그 일은 기꺼이 포기해 버려요. 가정에서든 사업에서든 서로 동의할 수 없는 일이 있으면 결정을 내리지 않죠. 동의할 수 있을 때까지 결정을 미루는 거예요. 다행히 우린 관심사나 좋아하는 것, 싫어하는 것에 공통점이 많아서 대체로 의견이 잘 맞는 편이에요."

함께 돈을 관리하라

행복한 커플은 돈이 많든 적든 수입, 지출, 저축에 관해 중요한 결정은 반드시 함께 내려야 한다고 입을 모은다. 수입과 공동 재산은 두 사람 모두의 것이다. 함께 결정을 내리고, 서로의 재정적 강점과 약점의 균형을 맞추는 법을 배워야 한다.

(1) 돈에 대해 비밀이 없어야 한다

돈 관리의 첫 번째 규칙은 깜짝 놀랄 일도, 비밀도 없어야 한다는 것이다. 가정의 재정 상태는 두 사람이 모두 알고 있어야 한다. 돈에 대해서든 다른 무엇에 대해서든 두 사람 사이에는 어떤 비밀도 있어서는 안 된다. 어느 한쪽이 투자나 고지서 납부에 일차적 책임을 맡고 있더라도 늘 상대에게 진행 상태를 알려주어 그 일에서 배제되지 않도록 해야 한다. 직업을 바꾸거나 사업을 시작하는 것은 두 사람 모두에게 영향을 미치는 일이다. 따라서 두 사람 모두 그 결정 과정에 참여해야 한다. 상대가 객관적인 입장에서 귀중한 의견을 제시하거나 경고를 해줄 수도 있으니까 말이다.

(2) 목표와 선결 과제에 대해 합의하라

장기적, 단기적 목표와 기대치, 전략에 대해 의논하고 합의하라. 이런 것
들은 나이와 인생의 단계에 따라 달라진다. 아직 학교에 다니고 있다면
주요 목표는 내년 학비를 내는 것일 수 있고, 사회 초년생이라면 학자금
대출 상환 또는 처음으로 돈이 많이 드는 대규모 구매를 하기 위한 저축
전략이 될 수도 있다. 기반이 탄탄하다면 미래의 재정 상황을 더 구체적
으로 생각해볼 수도 있다.

자산이 튼튼하든 빈약하든 돈에 관한 결정과 계획은 정기적으로 재검
토되어야 한다. 직업과 월급, 재정 상황의 변동, 자녀 계획, 가족 수의 변
화, 예기치 못한 비용, 자신의 인생 단계와 목표가 모두 재정 결정에 영향
을 미친다. 많은 커플이 이런 점들을 살펴보고 필요하다면 전문가와 상의
하기에 적합한 때로 새해나 세금 신고 기간을 꼽는다. 본인의 재정 태도
에 관한 문제를 검토해보고(advice 4 '핵심 사항 여섯 가지에 합의하라' 중 돈 문
제에 관한 논의 참고) 어디에 초점을 맞춰야 하는지, 친구나 친척 혹은 경험
많은 전문가와 상의할 필요가 있는지 살펴보기 바란다.

안젤라와 팀은 결혼 후 몇 년이 지날 때까지 돈을 관리하는 방식에 만
족하지 못했다. "돈 문제로 많이 싸웠죠." 팀이 회상한다. "그러다 새로운
계획을 하나 세웠어요. 지출과 저축 계획을 모두 망라한 연간 예산을 짜

는 거였죠. 우린 매년 십일월에 다음 해 예산을 검토해요. 처음에는 매달 예산을 짰는데 그러다보니 매달 이럴 돈은 없다, 저럴 돈은 없다 하면서 싸웠죠. 하지만 지금은 우리 둘 다 전체적인 그림을 알고 있어요. 주식, 저축, 수표계좌, 빚, 앞으로 들어갈 돈이 각각 얼마인지 다 알죠. 그래서 더 이상 돈 문제로 싸우지 않아요."

안젤라가 이어서 말한다. "이런 계획을 세워 놓으니까 훨씬 안정된 기분이 들어요. 팀이 실직한 적이 있었는데 난 우리 재정 상황이 어떤지 몰랐고, 그래서 돈이 문제가 됐죠. 돈을 많이 써서가 아니에요. 우린 돈을 별로 쓰지 않았으니까요. 그냥 일곱 가족이 사는 데 늘 돈이 모자라는 것 같았어요. 하지만 지금은 우리 상태가 어떤지 분명히 알 수 있어요. 그리고 전 우리가 합의한 데만 돈을 쓰죠. 그래서 더 이상 싸울 필요가 없어요. 문제는 돈이 얼마나 있느냐가 아니에요. 우린 아직도 돈이 별로 없으니까요. 문제는 소통이죠."

(3) 상대의 안심 범위를 지켜라

가구나 미술품, 접시나 식기처럼 거의 매일 보거나 사용하는 물건을 구입할 생각을 하고 있다면 결정 과정에 상대를 참여시켜라. 돈이 들어오고 나갈 때마다 두 사람이 함께 검토해야 하는 건 아니지만 상대가 이 결정에 관여하고 싶어 할지 스스로 생각해보고 그렇다는 대답이 나오면 결정을 내리기 전에 함께 의논할 시간을 가져라.

재정 결정을 내릴 때마다 지출과 저축에 대해 서로가 안심하는 범위를 벗어나지 않도록 하라. 물건 구매에 대해서는 어느 한 사람이 결정하는 것으로 합의했다 할지라도 상대가 지출에 대해 어떻게 생각할지 고려해서 그 범위에서 벗어나지 않도록 조심하라.

(4) 서로의 차이를 존중하라

돈에 대한 태도가 서로 같을 수는 없다. 한 사람은 돈을 쓰는 데, 다른 한 사람은 돈을 모으는 데 일가견이 있을 수도 있고, 한쪽은 돈 문제에 보수적인 반면에 다른 쪽은 위험을 감수하는 모험가일 수 있다. 당연하다. 하지만 돈은 두 사람의 것이다. 어떤 차이가 있든 간에 두 사람이 현재의 재정을 관리하고 미래의 재정을 준비하기 위해 함께 노력하기로 합의한다면 관계는 튼튼하게 유지될 것이다.

서로의 차이를 갈등의 원인이 아니라 두 사람의 균형을 맞추고 더욱 안정적인 재정을 이루기 위한 기회로 생각하라. 서로의 장점을 발휘하도록 격려하라. 더 조직적인 사람이 재정 서류를 맡고, 지출에 좀 더 신중한 쪽은 자녀들의 대학 진학이나 가족 휴가, 은퇴에 대비한 저축을 관리하는 일차적인 책임을 맡을 수 있다.

(5) 은행 계좌와 신용카드는 어떻게?

세 가지 은행 계좌를 만들어라. 주된 비용이 나가는 주 계좌와 매주 용돈과 옷, 서로에게 줄 선물을 포함한 기타 개인적인 물건을 사는 비용이 나가는 개인 계좌 둘이다.

주 계좌에서는 모든 기본적인 비용이 나간다. 집세나 주택 융자금, 식비, 양육비, 교육비, 덩치가 큰 가재도구 구입비, 자동차 할부금, 보험, 투자, 휴가비 등등이다. 누가 관리를 하든 이 계좌에서 나가는 특별 지출에 대해서는 서로 의논을 해야 한다.

개인 계좌를 따로 가지고 있으면 서로 약간의 사생활과 자율성을 누릴 수 있다. 특히 상대의 선물을 살 때 유용하다. 이런 목적으로 자신만의 계좌를 가지고 있으면 명절이나 생일 때가 아니라도 상대를 격려하고 사랑한다고 말하고 싶을 때 뭔가 특별한 것을 해주고 싶다는 생각을 할 여지가 생긴다.

많든 적든 계좌에 있는 돈은 공동의 것이다. 하지만 많은 커플의 경우 개인계좌의 잔고에 대한 책임이 각자에게 있을 때 관리가 효율적으로 이루어진다.

신용카드도 각자 가지고 있어야 한다. 그래야 많은 현금을 들고 다닐 필요가 없고, 한 달 동안 지출한 내역을 알 수 있다. 몰래 서로에게 줄 선물을 살 수도 있다. 두 사람 모두 자신의 이름으로 독립적인 신용 기록을 갖는 것이 중요하며, 여자는 특히 더 그렇다. 상대에게 무슨 일이 생길 경우에 대비해서이다.

신용카드를 쓸 때는 지출에 대해 서로 합의한 예산을 지키고, 가능한 한 빚을 지지 않도록 해야 한다.

(6) 예산을 세우고 그것을 지켜라

재정에 무리를 주지 말라. 옷 구입, 접대비, 점심비와 같은 개인적인 비용은 두 사람과 가족별로 월별, 연별 한계를 정해놓고 그 한계를 지켜라. 집 안일이든 개인적인 용도든 필요 없는 지출은 피하라. 쇼핑의 유혹을 도저히 피할 수 없다면 쇼핑몰에 가지 말고 그 시간에 다른 할 일을 찾아라. 운동을 하거나 자원봉사를 하거나 어머니를 방문하라. 두 사람이 함께 예산을 지키면 지출에 대해 끝없이 토론하고 갈등하지 않아도 된다.

마이너스 통장을 만들지 않고 신용카드 빚을 지지 않기로 합의하라. 이런 빚은 모두에게 불필요한 긴장감과 걱정을 유발할 뿐 아니라 가장 비싼 이자로 돈을 빌리는 방식이다. 정상적인 대출 이율의 두세 배를 쉽게 넘어가는 높은 이자만으로도 두 사람이 세운 예산이 무너질 수 있다.

(7) 미래를 위해 저축하라

비상사태나 앞으로 필요하게 될 경우에 대비해 수입의 일부를 따로 떼어 정기적으로 모으는 것이 중요하다. 일찍 저축을 시작하지 않으면 목표를 이루지 못할 것이다. 직장에서 실시하는 저축 프로그램을 이용하라. 기업 연금 가입이나 개인연금 저축은 빨리 시작할수록 좋다. 여행, 휴가, 자기 자신이나 아이들의 교육, 새 차, 새 가재도구, 또는 새 집 등 좋은 일을 위해서도 저축하라. 건강 문제, 돈을 꾸러 올지도 모르는 친척, 실직하거나 직업을 바꾸게 되어 돈이 필요한 경우처럼 예기치 않은 문제가 발생할 것에도 대비하라.

서로의 직업적 목표를 지원하라

행복한 결혼 생활은 항상 꿈꾸던 것을 할 수 있는 재정적, 정서적 안정감을 줄 수 있다. 두 사람 다 수입이 있다면 한쪽이나 양쪽 모두 더 높은 학위를 받기 위해 학교로 돌아갈 수도 있다. 사랑과 믿음이 확고한 배우자는 상대에게 새로운 것을 시도할 힘을 줄 수 있다. 많은 사람이 결혼 일 년 안에 직업을 바꾸는 것도 아마 이런 이유 때문일 것이다. 목표를 높이 세우고 안주하지 않을 만큼 안정감을 느끼는 것이다.

자신이 하고 있는(혹은 하려고 생각 중인) 일과 일에서 얻는 만족감에 대해서뿐만 아니라 자신에게 무엇이 부족하고, 어떻게 하면 더 잘 할 수 있는지 함께 이야기하라. 그리고 자신의 목표를 이루기 위해서는 어떤 훈련이나 교육, 경험이 필요한지 조사하라.

다른 도시나 지역으로 이사를 가야 하거나 자신의 경험을 새롭게 번창하고 있는 분야에 적용해야 하는 일이 발생할 수 있다. 책을 쓰거나 아이가 생겨서 시간제 근무로 바꾸거나 일을 그만두어야 할 수도 있다. 가정을 이룰 때 자신의 일을 어떻게 조정해야 할지 생각해보아야 한다. (일과 가족의 균형을 이루는 법에 대해서는 advice 9 〈자녀 양육을 즐겨라〉 참고)

두 사람 모두 어떻게 하면 서로가 목표를 이룰 수 있도록 적극적으로 지원할 수 있는지 의논하라. 새로 사업을 시작했다면 일손을 빌려줄 수 있고, 상대가 새로 어려운 일을 맡았다면 능력을 빌려줄 수도 있다.

(1) 서로의 꿈과 희망을 존중하라

일의 균형을 맞출 때는 두 사람 모두 자신의 꿈과 희망이 존중받고 있으며 시간이 지나면 자신도 필요한 것을 이룰 수 있다는 믿음을 가질 수 있어야 한다.

언제나 두 사람이 동시에 꿈을 추구할 수는 없다. 한 사람이 여행이나 외국 출장이 잦은 새로운 일을 맡았다면 다른 사람은 직장 일에 속도를 늦춰야 할 수도 있고, 어느 한쪽을 돕기 위해 정착하고 싶지 않은 곳에서 살아야 할 수도 있으며, 새로 태어난 아기를 돌보기 위해 한 사람이 집에 있기로 했을 때는 다른 한쪽이 더 많은 일을 해야 할 수도 있다.

자신의 차례가 돌아오리라는 것을 확신한다면 두 사람은 지나가는 각 단계를 최선을 다해 견뎌낼 것이다. 행복한 결혼 생활을 위해서는 서로에게 공정하게 차례가 돌아온다고 믿는 것이 매우 중요하다. 그러면 업무 패턴과 목표가 변화하는 성장과 변화의 시기가 인생에서 가장 신나고 생산적인 시기가 될 것이다.

> 일의 균형을 맞출 때는 두 사람 모두 자신의 꿈과 희망이 존중받고 있으며, 시간이 지나면 자신도 필요한 것을 이룰 수 있다는 믿음을 가질 수 있어야 한다.

캐리와 프랭크는 결혼할 때만 해도 두 사람 모두 박사 학위를 따기 위해 학교로 돌아갈 수 있을 거라고 생각했다. 하지만 비용을 계산해보니

한 사람은 계속 일을 해야 한다는 결론이 나왔다. 캐리는 그때를 이렇게 회상한다. "그때 난 박사 학위가 프랭크의 직업과 자신감을 위해 더 필요하다는 걸 깨달았어요. 그래서 그이가 공부하는 동안 난 일을 했죠. 하지만 프랭크도 내가 일을 하는 동안 여러 가지 다른 방식으로 날 많이 지원해줬어요."

캐리는 그 후 성공적인 경력을 쌓아 의과 대학에서 총괄 책임자로 일하고 있다. 금전적인 면에서는 프랭크보다 그녀가 훨씬 성공적이었다. "결국에는 모든 게 공평해져요." 캐리의 말이다.

집안일을 나눠서 하라

집안일에는 모두 어떤 식으로든 기여해야 한다. 얼마를 벌어오고 집 밖에서 어떤 기여를 하든 집안에서 아무 일도 하지 않고 넘어가도 되는 사람은 없다. 한 사람만 직장 생활을 한다고 해서 그것이 집안일을 피하는 핑계가 될 수는 없다. 두 사람이 소매를 걷어 붙이고 집안일을 할 때 그 집은 두 사람의 것이 되고, 두 사람은 그 집에 대해 이해관계가 생긴다. 그렇게 집은 가정이 된다. 그리고 그런 모습을 통해 아이들에게 자라서 좋은 동반자가 되는 법을 가르쳐줄 수 있다. 좋아하는 일이든 별로 좋아하지 않는 일이든 자신의 몫을 할 준비가 되어 있어야 한다.

얼마를 벌어오고 집 밖에서 어떤 기여를 하든 집안에서 아무 일도 하지 않고 넘어가도 되는 사람은 없다. 그렇게 집은 두 사람의 것이 된다. 그것이 집을 가정으로 만드는 방법이다.

(1) 두 사람 모두 만족할 수 있도록 일을 나눠라

상대가 어떤 일을 좋아하는지 알아보고 그 일을 맡게 하라. 남편이 요리를 좋아하면 아내는 설거지를 하고, 아내가 정원 일을 좋아하면 남편은 쇼핑을 하는 것이다. 누가 일을 더 하고 덜 하는지 따지지 마라. 상대가 자신보다 일을 더 많이 하고 있다는 생각이 아마 옳을 것이다. 그러니 상대보다 조금 더 일하도록 노력하라. 각자 좋아하는 일을 할 수 있게 배려하고, 나머지 일은 같이 하라. 각자 맡은 일을 정기적으로 검토하고, 서로의 관심과 필요와 선호도가 변하는 데 따라 일을 바꾸어 하라.

조안은 남편 딘과 모든 일을 똑같이 분담하지는 않지만 두 사람에게 모두 만족스러운 계획을 세웠다고 말한다.

"아이 보는 일과 저녁은 거의 다 제가 맡아서 해요. 남편은 아침 커피 담당이고요. 난 그 일에는 전혀 개입하지 않아요. 그건 남편이 사랑을 표현하는 방식이기도 하니까요. 남편은 내가 좋아하는 아이리시 커피를 만들어 와서 내 책상에 놓아줘요. 그건 정말 중요한 일이에요!

남편은 동물들도 돌봐요. 개를 밖에 풀어놓고, 개와 고양이와 새에게 먹이를 줘요. 자동차, 배관, 전기 관련 문제 해결도 그이의 일이에요. 내 컴퓨터도 잘 돌아가도록 관리해주고요.

가끔 우린 함께 집안 청소를 하는데, 딱 한 시간만이에요. 우린 이렇게 말하죠. 됐어, 한 시간 청소했으니 그 정도면 충분해."

(2) 집안일은 서로의 사랑을 보여주는 기회

행복한 커플은 집안일을 어쩔 수 없이 해야 하는 고역이라고 생각하지 않는다고 말한다. 그들은 모든 일을 배우자의 삶을 편하게 만들어줄 수 있는 또 하나의 기회로 본다. 집안일을 돌보는 것은 서로에 대한 사랑과 존경을 보여주는 방식이다.

얼마를 벌든, 얼마나 힘든 날을 보냈든, 한 사람은 옆방에서 열심히 일을 하고 있는데 앉아서 신문을 읽고 있는 건 있을 수 없는 일이다. 자기 자신과 상대에게 이렇게 물어보자. '난 어떤 걸 도와줄 수 있을까?' 이런 식으로 집안일을 보기 시작하면 쓰레기를 내놓는 일도 새롭게 보일 수 있다. 심지어는 오직 상대를 기쁘게 해주기 위해 자신이 맡은 몫보다 더 많은 일을 하고 싶은 마음이 들 수도 있다. 그리고 상대에게 그 일을 넘기지 않았다는 것에 기분이 좋아진다.

닉과 클라우디아는 집안일을 똑같이 반으로 나누어서 하려고 노력한다. 항상 완벽하게 똑같이 나눌 수 없다는 것은 알고 있다.

"우린 가사 일부터 아이 문제, 금전 문제까지 거의 모든 일을 반씩 나눠서 하려고 정말로 애쓴답니다." 클라우디아가 말하자 닉이 덧붙인다.

"맞아요. 만약 서로가 하는 일의 양이 60 대 40이 되면 — 클라우디아가 60, 내가 40이죠 — 그건 괜찮아요. 하지만 차이가 더 커지면 싸움이 시작되죠. 그래서 우린 50 대 50으로 나눠서 하려고 노력합니다."

(3) 고마움을 표현하라

행복한 커플은 집안일을 할 때 하는 일이 한 가지 더 있다고 한다. 상대에게 맡은 일을 해줘서 고맙다는 표현을 하는 것이다. 누가 무슨 일을 할지 정했다 하더라도 그들은 서로가 한 일을 당연하게 여기지 않는다. 고마움을 표현한다. 상대가 가끔 자신의 일을 떠맡아주었을 때는 특히 더 고마워한다. 자신의 삶을 조금 더 편하고 쾌적하게 만들어준 배우자가 얼마나 고마운지 표현하는 것은 아주 중요하다.

조이스와 해리는 서로를 당연하게 여겨서는 안 된다는 것을 일찍 깨달았다고 한다.

"우린 상대가 해준 일이 얼마나 마음에 드는지 입 밖으로 말해야 한다는 걸 일찍 깨달았어요. 집안이 굴러가려면 당연히 해야 하는 일이라도 말이에요. 그런 식으로 우린 서로를 기쁘게 해주려고 조금 더 노력했죠. 그리고 욕실 청소처럼 모두가 싫어하는 일은 차례를 정해 서로 돌아가면서 하고요."

자녀 양육을 즐겨라:
사랑의 연결고리

⌣

부부가 아이를 위해 할 수 있는 가장 좋은 한 가지는 서로 사랑하고,
아이들에게 행복한 결혼이 무엇인지 보여주는 것이다.
−제라드 리즈

출산은 처음 사랑에 빠진 이후의 어떤 경험보다 두 사람을 더 가깝게 만들어줄 수 있다. 품에 자신의 아이를 안아보기 전까지는 아이를 낳는 일이 부모에게 얼마나 깊고 큰 사랑을 불러일으키는지 설명하기 어렵다. 그것은 생각지도 못했던 사랑이다. 더 이상 커질 수 없을 것이라고 생각했던 배우자에 대한 사랑도 아이를 키우며 더욱 깊어진다.

아이의 존재는 결혼 생활에 그 어느 때보다 더 큰 책임감을 가져오기도 한다. "아이가 태어나기 전에는 아이로 말미암아 얼마나 큰 재미와 힘든 일이 생길 수 있는지 전혀 몰랐어요." 네 살배기 아이의 아버지인 댄의 말이다. 이제 두 사람은 끊임없이 변하는 완전히 새로운 도전 과제와 직면한 채 부부로서 강한 유대감을 유지하며 일과 자녀 양육의 균형을 맞추

어야 한다. 이제는 단순히 어떻게 살고 싶은지 뿐만 아니라 아이에게 어떤 것을 물려주고 싶은지도 생각해야 하므로 직장, 라이프스타일, 종교관은 완전히 새로운 차원으로 접어든다. 그리고 함께 즐거운 시간을 보내는 것이 어느 때보다 중요해진다. 가족을 가깝게 이어주는 접착제이기 때문이다.

아이를 가질 준비가 되었는가?

몇 세대 전만 하더라도 사람들은 지금보다 더 일찍 결혼을 했고 결혼하는 즉시 아이를 낳았다. 직장에서 경력을 쌓거나 돈을 많이 모을 때까지 기다리지 않았다. 오늘날에는 많은 커플이 그때보다 몇 년 더 늦게 결혼을 하고 아이도 늦게 낳는다.

> 두 사람 모두 정말로 아이를 갖고 싶어 하고, 아이를 키울 만큼 성숙하고 능력이 있으며, 생활을 바꿀 준비가 되었다고 느낀다면 바로 그때가 옳은 때이다.

둘 중 어느 쪽이 더 좋은지는 누구도 말할 수 없다. 아이를 가질 가장 좋은 때를 계산하는 공식 같은 것은 없다. 결혼 후 몇 달, 몇 년을 기다려야 자신 있게 가족을 이룰 준비가 되는지 알려주는 마법의 숫자도 없다.

두 사람 모두 정말로 아이를 갖고 싶어 하고, 아이를 키울 만큼 성숙하고 능력이 있으며, 관계가 정말 만족스럽고 그리고 둘 사이의 잘못된 점을 아이가 '고쳐줄' 거라고 생각하지 않으며, 생활을 바꿀 준비가 되었다고 느낀다면 바로 그때가 옳은 때이다. 아이를 낳는 시기는 어떤 게 중요하다고 생각하는지에 따라 또 달라질 수 있다. 조금 더 나이를 먹고 경력을 먼저 쌓는 것이 중요한가, 아니면 아직 젊고 힘이 넘치고 적응력이 있을 때 아이를 낳는 것이 중요한가? 아이를 낳는 시기는 갖고 싶은 아이의 수, 건강과 임신 가능성, 친구와 가족의 지지, 그리고 한쪽이나 양쪽 모두에게 특히 중요한 그 밖의 다른 문제들의 영향도 받는다. 재정적으로는 꾸준한 수입으로 안정성이 보장되고, 건강 보험과 약간의 저축이 있을 때 이 새로운 인생의 단계와 함께 찾아오는 도전이 조금 쉬워질 수 있다.

일과 가족의 균형을 맞추는 여러 가지 방법

아이를 키우는 일은 두 사람이 함께 해야 한다. 행복한 커플은 한 사람이 주로 아이를 돌보는 역할을 맡고 다른 사람은 밖에서 일을 한다 해도 유아기 때부터 함께 아이를 돌보고 먹이는 일에 능동적으로 참여했다고 말한다.

"밖에서 몇 시간을 일했든 상관없었어요. 남편은 집에 와서 아기를 목욕시킨 다음 품에 안고 젖병을 물리는 걸 좋아했죠." 조지와 결혼 14년차인 레슬리의 회상이다.

일과 가족을 조화시키는 방법은 커플마다 다르다. 어느 방법이 당신에게 맞을지 생각해보자. 두 사람 모두 밖에서 일을 할 것인가, 아니면 한 사람이 시간제 근무를 하거나 일을 그만둘 것인가? 두 사람이 똑같이 육아에 참여할 것인가, 아니면 한 사람이 주된 책임을 질 것인가? 어떤 육아 방법이 가장 좋다고 생각하는가? 어떤 육아 방법이 가능하고, 경제적으로 어떤 육아 방법을 택할 수 있는가? 어린이 집, 가정 탁아소, 유모에게 맡기거나 부모가 협력해서 아이를 볼 수도 있다. 할머니 할아버지나 다른 친척들이 도와줄 수 있는가? 방법은 많다.

- 두 사람 모두 밖에 나가 일을 할 경우, 어떤 육아법이 자신의 가족에게 맞는지 결정해야 한다.
- 한 사람이 직장 내 좋은 육아시설이 있는 회사로 옮긴다.
- 한 사람이 밖에서 일하는 동안 다른 한 사람은 아이를 돌보며 집에서 지낸다.
- 한쪽이나 양쪽 모두 유동성을 확보하고 아이와 더 많은 시간을 보내기 위해 부분적으로 재택근무를 한다.
- 두 사람 모두 시간제 근무를 하면서 나머지 시간에는 도움을 받거나 도움 없이 집에서 아이를 돌본다.

어떤 선택을 하든 선택은 또 바뀔 수 있다. 아이가 어릴 때는 한쪽 부모가 집에 있으면서 매일 아이를 돌보는 일차적인 책임을 지길 원할 수 있다. 이때 그 한쪽은 주로 어머니인 경우가 많지만 오늘날에는 많은 아버지가 이런 선택을 하기도 한다. 때로는 시간제 근무나 집에서 할 수 있는 사업을 하면서 이 역할을 맡는 경우도 있다. 아이가 나이가 들면 직장으로 돌아가거나 전보다 훨씬 큰 열정을 쏟고 싶은 새로운 일을 찾을 수도 있다. 어떤 선택을 하든지 비상시에 대비한 계획이 있어야 한다. 급박한 순간에 아이가 병에 걸리거나 아이를 돌보는 사람이 병에 걸렸을 때 — 이런 일은 일어나게 마련이다 — 그 공백을 메우는 사람이 늘 어느 한쪽 부모가 되어서는 안 된다.

일과 가족의 균형에 대해 생각할 때는 긴 안목으로 생각해야 두 사람 모두 장기적으로는 자신들의 선택이 공정하고 평등했다고 느낄 수 있다. 무엇보다 중요한 것은 서로의 목표와 염원을 존중하고 지지하는 것이다. 그러면 끝에 가서는 두 사람 모두 만족을 얻고, 두 사람의 관계와 결혼 생활을 더욱 강하게 만들어주는 균형을 이루었다고 느낄 것이다.

다음의 사례를 보면 두 사람 모두 자신들이 가족의 복지에 중요한 기여를 하고 있다고 믿는다는 것을 알게 될 것이다. 그들은 한 사람이 다른 사람보다 더 큰 역할을 맡는다 해도 두 사람이 함께 아이의 양육에 참여해야 한다는 데 동의한다. 그리고 자신들이 하는 일이 가족의 복지에 아주 중요하다고 생각한다.

(1) 남편은 일하고 아내는 집에 있는 경우

주디와 짐은 결혼 17년차 부부이다. 주디는 오랫동안 직장 생활을 하다가 딸을 낳았고, 그때부터 일을 그만두기로 했다.

"처음 몇 해 동안의 그 소중한 순간들을 놓치고 싶지 않았어요. 난 운이 좋았죠. 짐의 수입으로 먹고 살 수 있었던 덕분에 조이와 집에 있을 수 있었으니까요. 그렇게 놓친 직장 생활은 나중에라도 다시 따라잡을 수 있지만 딸이 처음 말을 하거나 첫 걸음마를 떼는 중요한 순간들을 놓친다면 어떻게 해도 보상받을 수 없다고 생각했어요.

그러다가 2년 후에 도널드를 낳았죠. 전 조이가 여섯 살, 도널드가 네 살 때 직장으로 돌아갔어요. 딸은 유치원에 보내고 아들은 육아 시설에 맡겼죠. 그런데 회사에 있으면 아이들 걱정이 끊이지 않고, 집에 있으면 지금쯤 프로젝트 계획을 세우고 있어야 하는데 어떡하나 하는 생각에 죄책감이 들더군요. 육아 시설 문제도 있었어요. 도널드가 그곳을 별로 좋아하지 않는 것 같았거든요. 베이비시터는 계속 그만두는데 아이들이 집으로 돌아왔을 때 믿고 맡길 사람을 쉽게 구할 수 없었어요. 게다가 버는 돈이 육아 비용으로 거의 다 나가고 있었고요. 그래서 난 다시 직장을 그만두고 아이들이 고등학교에 들어갈 때까지 집에 있었죠.

지금은 다시 일을 하고 있어요. 아직은 여러 가지 일을 동시에 해야 하지만요. 우린 아이들에게 집에 오자마자 반드시 전화를 하라고 시키고 있어요. 하지만 회사로 돌아가서 다시 어른들과 이야기하고 새로운 친구를 사귈 수 있어서 기뻐요. 그리고 내년이면 조이가 대학에 들어가니까 내가 버는 수입이 큰 도움이 될 테고요."

(2) 아내는 일하고 남편은 집에 있는 경우

존은 아이비와의 사이에 아이가 생기기 전까지 신문사에 다녔다. 하지만 수입은 대학 교수인 아내가 더 좋았다. 그러다 아이가 태어나자 존은 기꺼이 집에 있기로 했다.

"그러다 몇 년 후에 집에서 작은 조경 사업을 시작해서 같은 동네 몇 집의 정원을 설계해주고 나무를 심었어요. 아내가 학교에 종일 있지 않아도 될 때는 고객의 의뢰를 받을 수 있었죠. 그 일로 수입이 조금 생겼지만 아이를 봐줄 사람을 고용할 필요는 없었어요. 우리가 밤에 데이트를 하러 나갈 때를 빼고는요. 그리고 우린 늘 함께 저녁을 먹었죠. 아이와 가족을 위해 그게 아주 중요하다고 생각했어요.

우린 아이들이 자랄 때 같이 시간을 보낼 수 있어서 좋았어요. 내가 만난 사람들 중에는 내가 한 선택을 좀 이상하게 생각하는 남자들도 있었죠. 아이들과 집에 있는 남자는 많지 않으니까요. 아직은 낯선 일이잖아요. 하지만 아이비와 난 그 결정에 만족합니다. 그게 제일 중요한 거죠."

(3) 남편과 아내가 일과 육아를 나누어 하는 경우

데이비드와 칼라는 일, 가정생활, 여가 시간 등 모든 것을 최대한 공평하게 나눠서 하기로 했다. "아침에는 위의 두 아이를 내가 초등학교에 데려다주죠." 데이비드는 말한다. "20분 일찍 가려고 노력해요. 그래야 셋이서 헤어지기 전에 밖에서 놀 시간이 생기니까요. 칼라는 막내를 육아 시설에 데려가요. 그리고 거기서 에이미랑 같이 앉아서 아이가 적응하게 해준 다음 일을 하러 가요. 금요일에는 일을 쉬고 에이미와 두 아이가 집에 오면 종일 같이 지내요."

칼라가 덧붙인다. "학교가 끝나면 베이비시터가 아이들 셋을 모두 집으로 데려와서 우리가 돌아올 때까지 돌봐줘요. 그런 다음 우리는 거의 매일 함께 저녁을 먹죠. 데이비드는 요리하는 걸 좋아해요. 그러면 기분이 편안해진다나요? 내가 설거지를 하는 동안 그이는 아이들을 씻겨서 재울 준비를 하죠. 우린 서로 돌아가며 밤에 아이들에게 책을 읽어줘요. 우리 둘 다 좋아하는 일이거든요. 어떤 날은 너무 피곤해서 중간에 곯아떨어지기도 하지만요. 그래도 우린 둘 다 일을 계속하면서도 아이들이 크는 걸 지켜보는 기쁨을 놓치지 않아서 행운이라고 생각해요."

데이비드가 말을 받는다. "베이비시터가 아프기라도 하면 완전히 아수라장이 되죠. 하지만 이젠 예비 베이비시터와 마지막 순간에 와줄 수 있는 친척들의 명단을 갖고 있어야 한다는 걸 경험으로 알고 있어요. 도와줄 사람이 없으면 서로 돌아가며 스케줄을 바꾸고요. 그래서 어느 한 쪽만 늘 공백을 메우지 않아도 됩니다."

직장 스케줄과 가정 시산을 조화시키는 조합에는 끝이 없다. 아이가 자라서 학교에서 더 많은 시간을 보내게 되면서는 부모가 아닌 제삼자가 일과 가족의 균형을 맞추기 위해 개입해 아이를 봐주기도 한다.

세 아이를 둔 제프와 린제이는 둘 다 시간제로 근무하기 때문에 아이를 키우는 일도 함께 할 수 있다.

"난 월요일, 린제이는 금요일에 쉬면서 그날 하루는 집에서 아이들과 같이 지내죠." 제프가 말한다. "그 가운데의 사흘 동안 막내는 육아 시설에 가 있고, 큰 아이들은 학교에 가 있어요. 좀 특이한 조합이긴 하지만 우리에겐 그게 맞더군요. 린제이와 난 휴일을 얼마나 기다리는지 몰라요. 아이들을 제대로 볼 수 있는 시간이니까요. 아이들한테도 좋고요."

종교의 차이를 어떻게 해결할지 합의하라

종교와 정신적 믿음은 가족 전체에게 힘과 위안과 안정을 제공하는 대단히 만족스러운 원천이 될 수 있다. 같은 종교를 믿든 그렇지 않든 종교는 서로를 단단하게 묶어주는 힘이 될 수 있다. 하지만 advice 4 '핵심 사항 여섯 가지에 합의하라'에서 논의한 바 있듯이 종교는 신중하게 계획을 세우지 않으면 관계에 팽팽한 긴장감을 불러일으킬 수 있는 요소이기도 하다. 부부끼리만 살 때는 서로의 종교에 불편하지 않았더라도 아이가 생기면 새로운 선택의 문제가 될 수 있기 때문이다. 아이가 태어났을 때 어떤 종교 의식을 치르고 싶은가? 명명식? 세례식? 할례? 예배에는 매일 가는가, 주말마다 가는가, 종교의 기념일에만 가는가? 어떤 결정을 내리든 아이들과 관련해 어떤 식으로 종교에 접근할지 합의가 되어 있다면 모두가 함께 행복하게 살 수 있는 안정적인 환경과 지속적인 방식이 마련될 수 있다.

다음은 다섯 커플의 이야기이다. 그들은 결혼 전에 종교가 달랐지만 종교 문제를 해결하며 가족이 더 가까워질 수 있었다.

(1) 새라와 패트릭: 서로 종교가 다른 경우

새라와 패트릭은 대학에서 처음 만나던 순간부터 서로의 종교적 배경이 다르다는 것을 알아차렸다. 그것이 서로에게 끌린 이유이기도 했다. 새라는 동유럽 유대인이던 조상들처럼 검은 곱슬머리에 올리브빛 피부, 암갈색 눈을 갖고 있었고, 하얀 피부와 동그란 얼굴에 푸른 눈의 패트릭은 가톨릭에 아일랜드계 후손이라는 것이 얼굴에 그대로 적혀 있었다.

두 사람은 처음부터 아이를 낳으면 두 종교에 모두 노출시킨 다음 아이들이 크고 나서 각자에게 어떤 종교를 선택할지 맡기기로 했다.

그들은 아들 둘을 낳았다. 큰 아이는 유대교 성년식인 바르 미츠바를 받기로 했고, 작은 아이는 가끔 성당 예배에 나가기는 하지만 아직 마음을 정하지 않았다. 가족은 유대교 축제일인 하누카가 오면 함께 촛불을 켜고 그로부터 1, 2주 후인 크리스마스에는 함께 자정 미사를 드리러 간다. 그들 가족은 두 종교의 기념일마다 선물을 교환하고 성대한 저녁 식사를 한다. 새라와 패트릭은 아이들, 양쪽 가족과 함께 다른 두 종교의 전통을 함께 나눌 수 있어서 만족한다.

(2) 모하메드와 다이애나: 서로 종교가 달라 한 사람이 개종한 경우

모하메드는 다이애나의 모든 것을 사랑했다. 거기에는 그녀의 사랑스러운 남부 억양도 포함되어 있었다. 하지만 그에게는 아이들을 이슬람교도로 키우는 것 또한 매우 중요했다. 그래서 다이애나가 이슬람교로 개종했다. 그들에게는 세 아이가 있는데, 아이들 모두 모하메드와 함께 모스크에 나간다. 모하메드는 코란에 적힌 이슬람 관습과 믿음에 대해 다이애나가 자신보다 더 많이 알지도 모른다고 인정한다. 그는 더할 나위 없이 행복하며, 그의 부모도 마찬가지이다.

(3) 진과 엘렌: 같은 종교를 믿지만 방식이 다른 경우

진과 엘렌은 모두 클리블랜드에서 나서 자랐고, 두 사람 모두 개신교도이다. 하지만 두 사람이 종교를 따르는 방식은 아주 다르다. 간단히 말해, 엘렌이 진보다 훨씬 독실하다. 그녀는 매주 예배에 나가고 싶어 했지만, 진은 일 년에 몇 번 교회에 나가는 것으로 족했다.

하지만 아이가 태어난 후로 그들은 타협점을 찾았다. 온 가족이 적어도 한 달에 한두 번은 교회에 나가기로 한 것이다.

진과 엘렌은 서로 조화를 이루어 얻는 게 더 많아졌다고 생각한다. 각자의 정체성을 희생했다는 기분은 들지 않는다.

"엘렌이 원하지 않았다면 난 아마 교회에 갈 생각도 하지 않았을 거예요." 진은 말한다. "하지만 같이 교회에 나가면서 가족이 더 가까워질 수 있었죠."

(4) 제임스와 샐리: 두 사람 모두 종교를 믿지 않는 경우

제임스와 샐리는 서로 종교가 다르다. 하지만 한 가지 공통점이 있다. 종교를 그리 중요하게 생각하지 않는 집안에서 자랐다는 점이다. 두 사람도 그게 좋다고 생각한다. 그들은 일요일이면 밀린 잠을 잔다. 그리고 네 아이가 생기고 나서부터는 모두 함께 푸짐한 아침을 먹는다.

　그들은 아이들에게 모든 종교를 이해하고 인정해야 한다는 생각을 심어주기 위해 노력했다. 그리고 아이들이 앞으로 어떤 종교에 관심을 갖고 따르느냐는 순전히 아이들에게 달려 있다는 데 의견이 일치한다.

(5) 제프와 린다: 가족을 위해 한 가지 종교를 택한 경우

제프와 린다는 어느 한쪽이 다른 쪽의 종교로 개종할 필요는 없다고 생각했지만 아이들은 한 가지 종교 안에서 키우는 게 좋겠다고 생각했다. 그래서 루터교도였던 제프는 아이들이 린다의 종교를 따르는 데 동의했다.

　그들은 아나폴리스에 있는 집에서 멀지 않은 미국 성공회 교회에 함께 다닌다. 두 딸은 견신례를 받았고, 막내아들은 크리스마스 연극에서 배역을 맡았다.

　"전혀 희생이라고 생각하지 않아요." 제프는 말한다. "오히려 일요일마다 함께 교회를 다니니까 가족으로서의 연대감이 더 단단해졌죠. 우리를 위해 옳은 선택이었다고 생각해요."

상대의 좋은 가치관을 아이들에게 가르쳐라

　부모는 아이들의 롤 모델이다. 아이들은 부모의 말과 행동을 가이드라인으로 삼아서 보고 들으며 부모와 같은 가치관을 공유하는 어른으로 자란다. 부모의 가치관은 아이들을 가르치고 훈육하는 방식에 반영되고, 그

가치관은 아이들의 인생에 평생 영향을 미친다.

아이들과 주고받는 모든 행동에 사랑과 존중의 마음을 담아야 한다는 것을 기억하라. 그러면 나머지는 저절로 따라올 것이다.

아이들과 주고받는 모든 행동에 사랑과 존중의 마음을 담아야 한다는 것을 기억하라. 그러면 나머지는 저절로 따라올 것이다.

(1) 매일 함께 식사를 하라

저녁 식탁은 끈끈한 가족 관계를 형성하고, 가르친다는 생각 없이 아이들을 가르칠 수 있는 자리이다. 함께 밥을 먹으면서 서로의 경험과 의견, 가치관, 미래에 대한 계획을 공유하므로 아이들은 자신들이 가족의 일원이라는 것을 느끼게 된다. 식탁에서 아이들은 어른과 다른 아이들에게 자신을 표현하는 법을 배운다. 식탁 예절을 배우고, 공손하게 대화하는 법 같은 예의범절을 익힌다. 부모가 이런 본보기를 보일 때 아이들도 다른 사람의 생각에 귀를 기울이고 자신의 생각과 의견을 공손하게 말하는 법을 배운다. 부모는 자신들의 말과 행동, 아이들에게 거는 기대를 통해 아이들에게 가치관을 가르친다.

(2) 태어난 첫날부터 아이에게 책을 읽어주어라

아기들은 말은 이해하지 못하지만 부모의 목소리에서 위안을 느낀다. 그리고 언어의 리듬을 들으며 책을 읽는 기본적인 기술도 익힌다. 그렇게 자란 아이는 책읽기가 따뜻하고 사랑이 가득한 가족과 연결된 것이라고 생각하게 된다. 평생 지속될 독서에 대한 사랑을 심어주는 데 이보다 좋은 방법이 또 어디 있겠는가?

(3) 가족 모두에게 애정을 표현하라

조사에 따르면 아기들은 안아주고 만져줄 때 가장 잘 배우고 잘 자란다. 고아원 아이들을 대상으로 한 어느 유명한 연구에서는 유아기 때 안아주고 만져주지 않으면 정서적인 상처는 물론 신체적으로도 잘 자라지 않는다는 결과가 나왔다. 정상적으로 자라지 않는다는 말이다. 우리는 모두 — 어른 아이 할 것 없이 — 애정을 먹고 산다. '오늘 아이들을 안아줬나요?'라는 차 스티커를 본 적이 있을 것이다. 지금 가서 실천하라. 아이들에게 보여줄 수 있는 최고의 본보기는 아이들과 배우자를 안아주는 것이다.

부부는 아이들 앞에서 편안하게 서로에게 애정 표현을 할 수 있어야 한다. 부모가 부엌에서 같이 춤을 추거나 키스를 하면 아이들은 불평을 하고 놀려대지만 이런 모습을 통해 부모는 아이들에게 그들의 결혼이 얼마나 튼튼한지 확신시켜줄 수 있다. 그리고 나이와 상관없이 애정 표현은 정상적이고 건강한 사랑의 한 부분이라는 메시지를 준다.

안아주고 등을 두드려주는 행동이 특별한 때나 뭔가를 해냈을 때로만 국한되어서는 안 된다. 거리낌 없이 애정을 베풀어라. 그러면 유대감이 강화되고 친밀감이 높아져서 아이들이 자라면서 맞게 될 힘든 시기를 헤쳐 나가는 데 도움이 될 것이며, 관계는 평생 향상을 거듭할 것이다.

(4) 어릴 때부터 집안일을 시켜라

아주 어린 아이들은 세탁기에 옷을 넣고 양말짝을 맞추고 식탁 차리는 일을 돕는 것을 좋아한다. 좀 더 큰 아이들은 설거지를 하고, 쓰레기를 내놓고, 낙엽을 쓸고, 잔디를 깎고, 침대를 정리하고, 개에게 먹이를 주고 산책을 시킬 수 있다. 모두 가족의 유용한 일원으로 책임을 맡아 자신의 몫만큼 기여할 수 있다는 것을 배워야 한다. 그러면 아이들은 이를 통해 가족 한 사람 한 사람이 모두 중요하고 소중하다고 느끼게 되며, 모두가 가족의 성공에 이바지해야 한다는 것을 알게 된다. 이는 아이들이 나중에 좋은 동반자, 좋은 남편과 아내가 되는 데도 도움이 된다.

(5) 형제끼리도 서로 돕도록 격려하라

큰 아이는 작은 아이가 좀 더 어려운 집안일을 배울 때 도움을 줄 수 있다. 숙제를 도와줄 수도 있다. 그러면 작은 아이는 가끔 큰 아이의 집안일을 떠맡는 것으로 그 도움을 보상할 수 있다. 아이들은 어떤 일을 완성하기 위해 서로 협동하고 함께 일하는 법을 배워야 한다.

(6) 자녀들을 직장이나 출장에 데려가라

자녀들에게 부모가 하루 종일 무슨 일을 하는지 가르쳐주려면 일하는 모습을 보여주는 것이 가장 좋은 방법이다. 그러면 아이들은 왜 가끔 엄마나 아빠가 일 때문에 늦게 와야 하는지 이해할 수 있다. 또한 언젠가 일의 세계가 자신들에게 어떤 의미가 될지 좀 더 잘 알 수 있게 된다.

(7) 자녀들의 학교 행사, 운동회, 특별 활동에 참가하라

가끔 모습을 보이는 것만으로도 충분하다. 아이들에게 부모가 시간을 내서 우리 아이가 무엇을 하고 있는지 보러갈 만큼 관심을 갖고 있다는 것을 보여주는 일이기 때문이다. 수업 중이나 방과 후의 여러 학생 활동에 대해 부모의 자원봉사와 지원에 의지하고 있는 학교에도 도움이 된다. 아이들은 부모가 참여하는 모습을 보면서 학교가 자신들의 인생에 얼마나 중요한 곳인지 알게 되며, 부모에게는 아이의 성격, 친구, 생활 모습을 볼 수 있는 기회이기도 하다.

린다와 닉은 세 아이의 생활에 각각 다른 — 하지만 똑같이 중요한 — 자질을 발휘한다. "린다는 뭔가를 키우고 가꾸는 데 아주 강해요. 엄마로서 특히 그렇죠. 또 아내는 아이들에게 정말 잘해요. 잘 먹이고 책을 읽어주고 정말 질적으로 좋은 시간을 보내죠. 지금은 나도 아내에게 배워서 어떻게 해야 하는지 알고 있지만 전에는 그렇지 않았어요. 린다 덕분에 그런 면이 키워진 거죠. 그래서 좋습니다."

그러자 린다가 덧붙인다. "정말이에요. 하지만 나한테는 닉도 그래요. 지난번에 함께 휴가를 갔을 때는 이런 생각이 들었죠. '남편이 없었으면 이렇게까지 하면서 애들과 같이 스키를 타러 왔을까?' 아마 그랬을지도 모르지만 남편과 같이 있는 것만큼 재미있지는 않았을 거예요. 닉은 같이 있으면 아주 재미있는 사람이라 덕분에 나도 아이들과 훨씬 재미있게 보낼 수 있죠."

(8) 아이들은 나이에 맞게 가르쳐라

인간에게는 생존에 필요한 지식이 프로그램 되어 있지 않다. 따라서 어른은 아이들에게 잘 사는 법과 사회에 참여하는 합리적인 시민이 되는 법을 가르쳐야 한다. 밤에 잠을 자는 것부터 대소변을 가리는 훈련, 그리고 형제, 친구들과 함께 나누고 사이좋게 지내는 것까지, 부모가 아이들을 나이에 맞게 가르쳐야 한다.

우선 용인 가능한 행동에 대해 합의하고 아이들이 지켜야 할 분명한 규칙을 만들어야 한다. 일관성 있는 한계를 정해두고 좋은 행동의 본을 보이면 아이들은 어떻게 해야 하는지 알게 된다. 아이들에게 맞는 한 가지 방식을 정해서 그 방식이 아이들을 책임감 있는 인간으로 만드는 데 도움이 되고, 두 사람 모두에게 편안하게 느껴진다면 그것으로 충분하다. 두 사람이 함께 결정을 내릴 때 아이의 버릇을 망치지 않고 건강하게 발전시킬 수 있는 방법을 선택할 확률이 더 높아진다.

단호하고 합리적이고 공정해야 한다. 그리고 모든 아이를 일관되게 대해야 한다. 하지만 아이마다 각자의 장점과 필요한 것이 다르므로 '공정'하다고 해서 똑같이 대할 필요는 없다. 가장 중요한 것은 두 사람이 부모로서 힘을 합쳐야 한다는 것이다. 아이들 앞에서 훈육 방식을 놓고 다른 목소리를 내지 말라.

아이를 키우는 일에도 인생의 다른 부분들처럼 학습과 진화가 필요하다.

아이를 갖기 전에 모든 대답을 알고 있을 필요는 없다. 아기를 품안에 안은 후라도 마찬가지다. 아이를 키우는 일에도 인생의 다른 부분들처럼 학습과 진화가 필요하다. 아이와 관련해서 어떻게 해야 할지 모르겠다거나 걱정이 생기면 책을 읽고 다른 부모와 이야기를 하고 의사나 아이의 선생님과 상담해서 혹시 상담이나 물리 치료, 교육 평가 테스트, 개인 교사가 필요하지는 않은지 알아보라.

(9) 아이들과 즐거운 시간을 보내라

아이는 엄청난 책임감으로 느껴질 수 있다. 아이를 제대로 키우고 싶을 것이다. 하지만 그 일의 진지함에 압도당하지 말라. 두 사람이 가장 가치 있게 생각하는 것을 아이들과 공유하는 것을 잊지 말라. 두 사람만 아는 농담과 놀이에 아이를 끌어들이고 가족 모두가 함께하는 새로운 일을 만들어라.

아이를 키우는 재미 가운데 하나는 누가 누구에게 중요한 인생의 교훈을 가르치고 있는지 모른다는 것이다. 아이들은 언제나 부모를 지켜보고 이야기를 들으며 배우고 있다. 그렇게 보이지 않을 때조차 그렇다. 하지만 서로 입장이 뒤집혀 아이들이 우리에게 삶과 사랑에서 무엇이 정말로 중요한지 가르쳐주는 놀라운 순간이 찾아오기 전까지는 그렇다는 것을 알지 못한다.

"제리와 난 가족 휴가에서 '입장이 뒤집히는' 놀라운 순간을 경험했죠. 우리 다섯 아이가 아직 어릴 때였어요." 릴로의 회상이다. "답답한 차를 타고 한참을 달려 목적지에 도착하자 아이들은 모두 차에서 쏟아져 나와 서로 치고 받으면서 그동안 쌓였던 에너지를 풀었어요. 캐나다의 호텔에서 우리와 합류한 사촌 릴리안은 그 소란에 기겁을 했죠.

난 사촌에게 "싸움을 멈추게 하려면 어떻게 해야 할까?"라고 물었어요. 마침 뛰어난 심리학자였거든요. 릴리안은 큰 애들은 어떻게 말려야 할지 모르겠지만 어린 아이들이 투정을 부릴 때는 어머니가 욕실에 들어가거나 TV를 켜거나 아니면 앉아서 책을 읽으면 된다고 하더군요.

그런데 그날 밤 나와 제리 사이에서 다툼이 일어났어요. 스위트룸에 묵고 있었기 때문에 아이들도 우리와 한 방에 같이 있었죠. 얼마 지나지 않아 우린 한 아이는 일어나서 TV를 켜고, 한 아이는 욕실에 들어가고, 또 한 아이는 앉아서 책을 읽고 있다는 걸 알았죠.

효과가 있었어요. 웃느라고 싸움을 멈췄으니까요. 지금도 누가 그날 밤 이야기를 하면 우리는 그때를 떠올리며 얼마나 웃는지 몰라요."

부모가 태도와 취향에 영향을 미칠 수 있는 어릴 때부터 아이들에게 부모가 좋아하는 것을 가르쳐서 함께 즐길 수 있도록 하라. 하이킹, 음악회, 야구, 여행 뭐든 좋다. 그러면 가족으로서 좋아하는 것을 계속 함께 할 수 있다. 함께 게임을 하고 책이나 정치에 대해 토론하고 산책을 하고, 휴가를 가고 공동의 추억에 함께 웃는 이 모든 것이 서로의 존재를 즐기고, 서로에 대해 더 많은 것을 알게 되고, 가족으로서 더 가까워지는 방법이다. 일찍부터 이렇게 하기 시작하면 모두가 평생 재미있는 시간을 보낼 수 있을 것이다.

부부만을 위한 시간을 내라

자녀들과 함께 있는 것이 아무리 즐겁고, 자녀들에게 에너지와 시간이 아무리 많이 들어가도 두 사람만을 위한 시간을 남겨두는 것을 잊지 말자. 두 사람이 함께하며 언제나 즐거워하는 일을 계속하라. 사회생활, 취미, 부부만의 시간을 즐겨라. 아이를 키우느라 자신의 인생을 희생하고 있다는 기분이 들어서는 안 된다.

서로를 위한 시간을 떼어두자. 이야기를 나누고, 섹스를 하고, 함께 소풍을 가거나 간단한 산책도 좋다. 미래에 대한 계획을 세우고 다음 일, 다음 휴가에 대해 생각할 수 있는 방해받지 않을 시간을 따로 떼어두라. 처음 만났을 때처럼 아이 이외의 생활도 있는 성인으로서 함께 자리를 잡고 앉아 이야기를 나누어야 한다.

아이들에게 줄 수 있는 가장 좋은 선물은 두 사람이 서로에게 얼마나 좋은 배우자인지 보여주는 것이다. 사랑과 애정이 넘치는 튼튼한 부부 관계는 아이들이 행복하고 건강하게 자라는 데 필요한 사랑과 안정감을 준다. 또 그에 못지않게 중요한 것은 그를 통해 아이들에게 가장 모범적인 결혼의 예시를 보여준다는 것이다. 운이 좋다면 아이들도 자라서 그런 결혼 생활을 하게 될 것이다.

프랜신과 도널드는 세 아이를 키우며 결혼에 대해 많은 것을 배웠다. "난 아이들이 아직 어린 동안에는 아이를 먼저 생각하는 게 내 의무라고 늘 생각했어요." 프랜신은 말한다. "도널드는 아마 일을 우선시하는 게 자신의 의무라고 생각했을 거예요. 가족을 위해서 말이에요. 그리고 우린 6년 동안 돈이 없다는 이유로 휴가를 가지 않았죠. 서로의 모습은 전혀 보지 않고 있었던 거예요. 그러다 대화가 너무 없는 지경까지 도달했고, 난 어떻게든 그걸 고쳐보려고 결혼에 대한 책이란 책은 모두 읽었죠.

그때 우리가 배운 건 경제 사정이 어떻든 간에 서로를 위한 시간을 내야 한다는 거예요. 처음에 서로에게 마음을 빼앗겼던 이유가 무엇인지 잊지 않기 위해서 말이에요. 그래서 이제 우린 정기적으로 밤에 데이트를 하러 나가요. 작은 레스토랑에 가서 코너에 놓인 소파에 앉아 몇 시간이고 이야기를 나누면서 함께 있는 걸 즐기죠. 서로의 이야기를 하고 우리 둘만의 것을 함께 나눠요. 그게 우리 가족 전체를 함께 묶어주는 힘이죠."

여기에 도널드가 덧붙인다. "난 아이들에게 돈을 얼마나 물려주든지 그건 우리의 유산이 아니라고 생각해요. 사라지지 않을 우리의 진짜 유산은 아이들이 어떤 사람이 되고, 또 그 아이들의 아이들이 어떤 사람이 되느냐는 거죠. 그래서 우리가 미래 세대에 영향을 줄 수 있는 가장 좋은 방법은 아이를 키우는 방식과 행복한 결혼 생활을 통해 모범을 보이는 것이라고 생각해요."

부모가 아이들에게 줄 수 있는 가장 좋은 선물은 두 사람이 서로에게 얼마나 좋은 배우자인지 보여주는 것이다.

advice
10
행복하고 건강한 삶을 함께 가꿔라:
자기 자신과 친구와 공동체 보살피기

인생은 우리에게 사랑은 서로 마주보는 것이 아니라 함께 같은 방향을 바라보는 것이라고 가르쳐주었다.
―생텍쥐페리, 《어린 왕자》

행복한 인생을 완성하려면 두 사람 사이의 사랑과 존경뿐만 아니라 서로를 도와 그 사랑과 선의의 범위를 확장할 수도 있어야 한다. 아래의 네 가지는 각자에게 좋은 것이면서 두 사람과 주위 사람들에게도 좋은 것들이다.

- **취미 개발**: 두 사람이 모두 좋아하는 여가 활동을 찾는다.
- **건강 유지하기**: 사신을 위해, 그리고 상대를 위해 해야 할 일이다.
- **친구와 가족의 범위를 확대하기**: 이를 통해 당신 자신과 두 사람의 관계가 강화되고 풍성해진다.
- **봉사활동 참여하기**: 두 사람의 관계를 벗어난 다른 일에 참여하다보면 그만큼 두 사람의 관계에도 사랑과 보답이 찾아온다.

함께 즐길 수 있는 취미를 개발하라

일흔 살까지 사는 사람에게는 61만 3천 시간이 있다. 재미없게 보내기
에는 너무 긴 시간 아닌가?
　－무명씨

　행복한 관계를 지탱해주는 기둥 가운데 하나는 공통의 취미를 갖는 것
이다. 행복한 커플에게는 보통 여가 시간에 함께 즐길 수 있는 몇 가지 취
미가 있다. 하이킹, 자전거 타기, 스키, 골프, 캠핑, 산책, 정원 손질 같은
야외 활동이나 독서, 포커, TV 시청, 섹스, 친구 방문하기, 영화 감상 나
누기 같은 실내 활동 모두 두 사람을 가깝게 이어준다. 또한 직장과 가정
이라는 평소의 세계를 넘어 서로에 대한 이해의 폭도 넓혀준다.
　좋은 점은 또 있다. 같이 하면 재미있다는 것이다. 정말로 행복한 부부
는 매일 같이 하는 평범한 집안일에서도 재미를 찾는다.
　"우린 함께 책을 읽고, 몇 시간씩 전화로 이야기를 하면서 보내요. 십
대로 다시 돌아간 것처럼 말이에요." 샘과 결혼 7년차인 캐서린은 이렇게
말한다. 두 사람 모두 재혼으로, 첫 번째 결혼은 불행했다. 그러자 샘이
한 마디로 정리한다. "처음에는 같이 있는 것만으로 너무 즐거워서 죄책
감이 생길 정도였다니까요."
　운동이나 여가 활동을 함께 즐기면 새로운 것을 배우는 동시에 좀 더
나아지도록 서로를 자극하는 기회도 된다. 그리고 상대가 좋아하는 것이

무엇인지 알아보고 가끔 함께 어울리다보면 그것이 무엇이든 — 요리, 운동, 고가구 손질, 정원 손질, 살사 댄스 등등 — 관심을 가지게 될 수 있고, 나아가 자신에게 있는지도 몰랐던 새로운 능력을 발견할 수도 있다.

(1) 함께 배우고 성장하라

함께 수업을 듣다보면 친숙한 일상생활에서 빠져나오는 것은 물론 지적 자극이라는 이득도 얻을 수 있다. 지식을 넓히고 새로운 상황 속에서 서로의 생각과 능력을 보고 들으며 즐길 수 있는 기회이기도 하다. 만약 두 사람이 대학에서 만났다면 그 시절과의 연결 통로가 되어주기도 한다.

> 공동의 프로젝트는 두 사람이 인생에서 힘들고 중요한 것을 이룰 수 있는 기회이다.

어떤 부부는 마을 정원을 만들거나 집을 개조하거나 자선 단체에 가입하는 등 야심찬 목표에 도전하기도 한다. 공동의 프로젝트는 두 사람이 인생에서 힘들고 중요한 깃을 이룰 수 있는 기회이다. 그리고 그를 통해 서로의 장점에 대해 알게 되고, 서로의 앞에서 새로운 전문 지식을 과시하며 함께 인정받기도 한다. 장기적인 목표를 향해 함께 노력함으로써 두 사람은 단단한 무언가를 쌓아나가고 있는 것이다.

"릴로와 난 석사 학위를 따기 위해 함께 학교로 돌아갔죠." 세리가 말한다. "아주 즐거웠어요. 5년이나 걸렸지만 우린 모든 순간을 즐겼죠. 일주일에 한 번은 야간 수업이었는데, 릴로의 어머니가 집에 계셔서 우린 아이들에게 미안한 마음 없이 나갈 수 있었어요. 그리고 수업 전이나 후에 늘 저녁을 먹었죠. 그걸 진짜 데이트로 삼으려고요.

우린 영미 문학에서 외교 정책 강좌까지 재미있어 보이는 과목은 뭐든 다 들었죠. 교수님을 설득해서 학기말 리포트를 함께 쓴 적도 있어요. 릴로는 사실을 좋아하고 난 허구를 좋아해서 아내가 조사를 맡고 난 글을 썼죠. 우린 함께 힘을 다 쏟았고, 그러자 더 사이가 가까워지더군요."

한 가지는 분명하다. 저녁을 먹은 후 산책을 하건 이국적인 곳으로 여행을 가건 함께 즐거운 시간을 보낼 때 긴장을 풀고 배우고 성장하는 기회가 생긴다는 것이다. 그것은 친밀감을 높이는 데도 매우 중요하다. 두 사람이 좋아하는 것을 함께 함으로써 아이들에게는 멋진 본보기가 되고, 두 사람 사이에서는 서로에 대한 사랑과 열정이 깊어지는 정서적 공감대가 만들어진다.

(2) 야간 데이트

결혼 생활을 로맨틱하게 유지하기 위해 가능하면 자주 데이트를 하려고 노력한다는 부부들의 이야기를 들어본 적이 있을 것이다. 그런 말을 들어봤다는 것은 그것이 효과가 있다는 뜻이다.

우리는 매일 같이 반복되는 바쁘고 진지한 생활에 갇혀 쉬어야 한다는 사실을 잊기가 쉽다. 두 사람이 함께 말이다. 단 몇 시간만이라도 매주 두 사람만의 데이트 시간을 가져보자. 그러면 아주 잘했다는 생각이

들 것이다.

결혼 14년차인 데이비드와 칼라는 어린 자녀가 셋 있다. 그래서 그들에게는 두 사람만 따로 있을 시간이 특히 더 중요했다. 두 사람은 일주일에 한 번씩 저녁을 먹은 후 집에서 삼십 분 거리에 있는 조그만 술집에 간다. 푹신한 소파에 앉아 시가를 피우거나 브랜디를 홀짝거리는 게 고작인 곳이다.

"데이비드와 난 시가를 피우지는 않지만, 저녁을 먹은 후에 그곳에 가서 몇 시간 동안 브랜디를 홀짝이죠. 아이 이야기는 하지 않기로 했기 때문에 순수하게 어른들만의 대화를 해요." 칼라는 말한다. "뉴스나 다음 휴가, 우리의 꿈, 만약에 세 가지 소원이 이루어진다면 뭘 하고 싶은지와 같은 이야기를 하죠. 주로 지분거리고 장난을 치면서 서로를 웃게 만들어요. 그렇게 집에 돌아오면 가끔 마치 일주일 휴가를 다녀온 것처럼 기분이 좋아져 있어요. 돈도 싸게 먹히고요."

(3) 혼자 있는 시간도 필요하다

행복한 커플은 찍찍이처럼 늘 달라붙어 있지 않는다. 모든 것을 함께 할 필요는 없다. 서로의 사생활을 존중하고 혼자 있을 시간을 주어야 한다. 아무리 공통점이 많아도 각자에게는 자신의 창조성을 발휘해 개인적인 성취감을 찾을 시간이 필요하다. 스포츠, 미술, 악기 연주, 독서, 케이크 굽기 등 취미 활동을 하든 아니면 친구들과 점심을 먹으러 나가든 대부분 사람에게는 혼자서 뭔가를 할 수 있는 시간과 자유가 필요하다.

행복한 커플은 찍찍이처럼 늘 달라붙어 있지 않는다. 모든 것을 함께 할 필요는 없다. 서로의 사생활을 존중하고 혼자 있을 시간을 주어야 한다.

개인으로서 자신이 강하고 행복하고 성공한 사람이라고 느낄 때 그 행복과 자신감은 두 사람의 관계로까지 이어진다. 상대의 개인적인 취미를 존중해줄 때 두 사람의 유대감은 더욱 강해질 수밖에 없다.

"우리는 거의 모든 일을 함께 하는 편이지만 쇼핑은 따로 해요." 조이스의 말이다. "같이 산책을 하고, 테니스도 치고, 이야기하는 것도 물론 좋아하죠. 하지만 혼자 하고 싶은 일도 있어요. 쇼핑은 여자 친구들과 가는 게 더 재미있고요."

"아내는 가끔 저한테 친구들과 같이 주말 스키를 타러 가라고 권하죠. 아내는 스키 타는 걸 좋아하지 않거든요." 해리는 말한다. "우리한텐 그게 좋아요."

행복한 커플은 서로의 독립성을 존중하면서도 동시에 커플로서 강한 일체감을 유지한다.

"우린 토요일에 서로 종일 뭘 하는지 모르고 넘어갈 때도 있어요." 결혼 7년차인 리처드의 말이다. "각자 수업을 듣고 글자 교실에서 자원봉사를 하느라 바쁘거든요. 그리고 주중 저녁에는 따로 친구나 손님들과 저녁을 보낼 때가 많고요."

"리처드와 난 서로 결혼을 한 거지, 서로를 소유한 게 아니에요." 마릴린이 덧붙인다.

"하지만 우린 수요일 저녁마다 데이트를 해요. 그렇게 주중에 함께 있는 날을 만들죠." 리처드가 이야기를 받는다. "그리고 금, 토, 일요일 밤에는 거의 대부분 함께 지내고요. 주로 우리 둘만 집에 남아서 쉬거나 아니면 간단한 저녁을 먹거나 영화를 보러 나가죠."

서로에게 숨 쉴 공간을 주는 것은 아주 중요하다. 이 건강한 이별이 서로를 더 가깝게 만들어준다는 것은 멋진 아이러니가 아닐 수 없다. 이것은 advice 2 '목적 있는 데이트를 하라'에서 논의했던 '차별화'의 문제이다. 행복한 커플은 함께 있고 싶은 욕구와 혼자 뭔가를 하고 싶은 욕구 사이에서 균형을 잡을 줄 안다. 개인으로서 더 성숙하고 발전된 사람일수록 더 나은 결혼 상대자가 된다. 셰익스피어는 《햄릿》에서 이렇게 요약했다. "무엇보다 자신에게 진실하시오. 그러면 밤이 낮을 따라 오듯 어느 누구에게도 거짓될 수 없으리니."

제인과 리는 서로가 각자의 관심사와 재능을 개발하도록 조심스럽게 서로를 격려해왔다. "우리의 결혼이 성공한 건 개인적인 성장 덕분이에요." 결혼 38년차인 리의 말이다. "정말이에요. 서로의 발전을 허락하지 않는 부부에게는 2년, 10년, 아니면 20년 후라도 어느 날 아침에 일어나서 '맙소사, 난 언제나 당신을 위해 모든 걸 해주면서 날 위해서는 아무것도 하지 않았군.'이라며 한탄할 날이 오게 되죠. 우린 자기가 스스로 선택해놓고 상대 탓을 하는 건 옳지 않다는 걸 깨달았어요."

제인이 덧붙인다. "우리도 처음에는 내가 취미든 뭐든 새로운 걸 시작할 때마다 조그만 소란이 일었어요. 리는 내가 따로 시간을 갖는 것에 익숙해져야 했죠. 나도 그랬고요. 하지만 나중에는 언제나 그러길 잘했다는 결론에 도달해요. 이제 우린 휴가를 가서도 매일 서로에게 혼자 뭔가를 할 수 있는 기회를 주려고 노력해요. 리에게는 글을 쓸 시간이 필요하고 난 퀼트에 쓸 천을 찾으러 돌아다닐 시간이 필요하죠. 지금은 이해하지만 처음에는 그렇지 않았어요. 덕분에 우리 사이는 더 가까워졌고요."

(4) 휴가는 반드시 필요하다 — 아이와 함께든 부부끼리든

휴가를 사치라고 생각한다면 다시 생각해보기를 권한다. 행복한 커플은 행복한 결혼 생활을 위해 휴가가 반드시 필요하다고 말한다. 휴가는 결혼 생활에 재미와 즐거움을 주기 때문에 반드시 예산에 포함되어야 한다. 하지만 휴가의 마법 같은 힘을 얻기 위해 거액을 쓸 필요는 없다. 일상생활에서 벗어난 휴식을 제공해줄 수 있다면 그것으로 충분하니까 말이다.

집과 각종 고지서와 바쁜 스케줄에서 벗어나 달빛 비추는 해안을 따라 서로의 허리에 팔을 두르고 맨발로 모래를 밟으며 걷는 것보다 두 사람이 함께하는 인생이 얼마나 좋을 수 있는지 일깨워 주는 것은 없다. 아이가 있어도 가끔 두 사람만 따로 여행을 가기 위해 노력해야 한다. 기자이자 작가인 미뇽 맥러플린의 말처럼 우리는 "성공적인 결혼을 위해서는 언제나 같은 사람과 여러 번 사랑에 빠져야 한다."

"우린 2, 3개월에 한 번 정도 주말에 여행을 가려고 노력해요. 적어도 하룻밤만이라도요." 베스가 말한다. "다행히 어머니가 가까이에 살고 계셔서 전화를 걸어 네 아이를 맡기고, 우린 비앤비에 가서 우리 두 사람이

하고 싶은 걸 하죠. 어떨 때는 밥 먹으러 나갈 때를 제외하고는 주말 내내 침대에서 나오지 않을 때도 있어요."

아이들과 함께하는 휴가는 가족으로서의 유대감을 쌓고, 나와 배우자, 나와 아이들의 관계에도 새로운 차원을 더해준다. 누구나 휴가를 가면 평소보다 느긋해진다. 학교 활동과 업무 마감 시간에서 벗어난 것만으로 모두들 최상의 기량을 발휘한다. 이를 통해 배우자에 대해서는 창조적이고 잘 놀 줄 아는 부모이자 파트너라는 감탄의 마음이 커지고, 아이들과도 즐거운 추억을 쌓으며 유대감이 깊어진다.

휴가는 아이들에게 독특하고 재미있는 교육을 할 기회도 된다. 국립공원으로 캠핑을 가거나 강으로 래프팅을 하러 가는 것보다 더 나은 환경교육이 어디에 있겠는가? 서로가 새로운 환경에서 집에서는 볼 수 없었던 솜씨를 발휘하는 모습을 보면서 가족들은 서로의 능력에 대해 새로운 존경심을 갖게 된다.

베스와 데이비드는 여행을 좋아한다. "아이들이 모두 따로 살기 시작하면서 우린 여행을 더 많이 다니고 있어요." 데이비드는 말한다. "이스라엘, 스웨덴, 런던, 파리에 다녀왔죠. 지난번에는 싱가포르, 타이, 일본까지 가는 여행 계획을 세우고 있었는데 재미있게 들렸는지 작은 딸이 같이 가도 되냐고 묻더군요. 그래서 딸도 같이 갔죠! 정말 멋진 여행이었어요."

건강을 유지하라

행복한 결혼에서 자기 자신과 상대를 위해 건강은 필수적이다. 두 사람의 몸과 마음과 정신이 건강할수록 결혼도 더욱 튼튼해져서 다음과 같은 장점을 누릴 수 있다.

- 활기가 넘쳐 서로에게 더 활동적이고 재미있는 상대가 된다.
- 건강하면 더 매력적으로 보이게 되고, 따라서 계속해서 서로에게 매력을 느끼게 된다.
- 스트레스를 더 잘 이겨냄으로써 더 유쾌하고 느긋한 사람이 되며, 서로 좋은 기분을 더 많이 공유할 수 있다.
- 무엇보다도 건강하게 오래 살게 됨으로써 더 오랫동안 함께 인생을 즐길 수 있다.

생활 속 작은 변화가 큰 개선을 이룰 수 있다. 건강에 좋은 음식을 먹고, 잠을 충분히 자고, 스트레스가 쌓이기 전에 풀고, 매일 삼십 분씩 걷는 것으로 자신의 인생과 두 사람이 함께하는 인생이 크게 달라질 수 있다. 그러면 결혼 생활도 크게 달라질 것이다.

두 사람의 몸과 마음과 정신이 건강할수록 결혼도 더욱 튼튼해진다.

건강 유지를 위한 일곱 가지 규칙

자기 자신을 잘 돌볼 때 관계 속에서 최상의 상태를 발휘할 수 있으며, 주위의 모든 사람과 일에 더 많은 에너지와 열성을 쏟을 수 있다. 자신의 건강이 모두에게 이익인 것이다. 다음은 몸과 마음과 정신의 건강을 유지하기 위한 일곱 가지 간단한 규칙들이다.

1. 건강한 식생활을 유지한다.
2. 잠을 충분히 잔다.
3. 규칙적인 운동을 한다.
4. 여가 활동을 위한 시간을 낸다.
5. 금연을 하고, 술이나 약물을 남용하지 않는다.
6. 긍정적인 생각을 한다. 낙천주의자들이 더 오래 산다.
7. 스트레스를 낮추고 긴장을 푼다.

건강하게 살기 위한 이 일곱 가지 규칙에 대해 더 자세한 정보를 보려면 부록2 '건강 입문서'를 참고하기 바란다.

친구와 가족의 범위를 확대하라

사랑은 아무것도 없는 곳에 다리를 놓는다.

–R. H. 딜레이니

행복한 커플은 상대의 친구와 가족을 자신의 친구와 가족으로 만들기 위해 매우 노력한다고 말한다. 물론 하루아침에 되는 일은 아니다. 시간이 걸리고, 때로는 많은 인내가 필요하다. 하지만 그만한 가치는 충분하다. 관계가 튼튼해질수록 두 사람은 서로를 더 잘 알게 되고 더 많이 사랑하게 되며, 이 새로운 친구와 가족이 참여함으로써 두 사람의 관계는 더욱 강화되니까 말이다.

장기적인 안목을 갖고 균형을 유지하라. 양쪽 부모와 친척을 가능하면 자주 모시는 것이 중요하지만 그보다 중요한 것은 부부로서의 생활이다. 독신일 때는 아무 문제도 없었을 일이 부부가 되었을 때는 그다지 이상적이지 않을 수 있다. 일요일마다 저녁을 먹으러 부모님 집에 가던 걸 그만두고 가끔은 두 사람끼리만 혹은 아이들과 함께 일요일을 지내고 싶을 수 있다. 시간을 내는 데 인색해서는 안 되지만 두 사람의 관계를 보호하기 위해 선을 그을 필요도 있다. 무엇보다 인내심을 가져라. 새로운 가족에게 적응하려면 누구나 시간이 걸리기 마련이다.

"우리 어머니가 이해심이 많은 분이라서 제리와 난 얼마나 고마웠는지 몰라요." 릴로는 말한다. "우리가 결혼했을 때 부모님한테는 나 하나밖에 남아 있지 않았는데, 부모님은 함께 보내는 시간이 적어지는 것 때문에 내가 미안해하는 걸 바라지 않으셨죠. 어머니는 그날 이런 말씀을 하셨어요. '이제 난 두 번째로 물러나마. 남편이 첫 번째가 될 테니까. 그래야 하는 거란다.' 어머니의 그런 태도 덕분에 우린 멋진 관계를 이룰 수 있었죠. 어머니는 늘 곁에서 우리와 우리 아이들을 도와 주셨어요. 우리도 어머니한테 그랬고요."

(1) 명절 딜레마

명절 계획은 아주 신중하게 세워야 한다. 추수감사절에 어느 쪽 집안으로 갈 것인가? 종교 휴일이나 휴가 때는? 명절이 시작되기 전에 어떻게 할 것인지 미리 의논하라. 이 문제에 대해서도 장기적인 시각을 갖는다면 해가 갈수록 균형과 공정성을 유지하기 쉬워질 것이다.

(2) 내 친구와 배우자의 친구

두 사람이 모두 아는 친구든 각자의 친구든, 친구가 있다는 건 두 사람 모두에게 중요하다. 신혼부부들이 흔히 저지르는 실수 가운데 하나는 이제는 배우자가 가장 친한 친구가 되었으니 다른 친구는 필요 없다고 생각하는 것이다. 결혼하기 전에 친구가 있었다면 결혼했다고 해서 그 우정을 유지하지 않을 이유가 없다. 가장 좋은 것은 각자의 친한 친구가 두 사람 모두의 친구가 되는 것이다.

친구는 중요한 지원 인력이다. 그들은 개인으로서 또 부부로서 당신을 지지해주며, 당신은 자신과는 다른 그들의 인생 경험을 통해 자신의 인생과 결혼에 대해 새로운 시야를 가질 수 있다.

남녀 모두 배우자와 친구에게서 얻는 즐거움과 영양분이 다르다. 지극히 당연한 일이다. 배우자가 우정에 대한 욕구까지 모두, 언제나 채워주기를 기대한다면 그건 결혼에 너무 많은 부담을 지우는 것이라 할 수 있다. 개인으로서, 부부로서 각자 그리고 함께 우정을 발전시키고 유지할 때 개인으로서의 두 사람은 성장할 수 있다. 그리고 서로가 강한 개인이 될 때 결혼도 강해진다.

> 개인으로서, 부부로서 각자 그리고 함께 우정을 발전시키고 유지할 때 개인으로서의 두 사람은 성장할 수 있다. 그리고 서로가 강한 개인이 될 때 결혼도 강해진다.

(3) 우리의 친구

행복한 결혼 생활을 하는 다른 부부들과의 새로운 우정은 관계에 큰 도움이 될 수 있다. 다른 행복한 부부들과 시간을 보내고, 자신의 관계가 그러하듯 그들의 관계가 성장하는 것을 보면서 서로에 대한 마음이 강화되기 때문이다. 다른 부부와 사귀다 보면 관심사가 확대되어 두 사람만 있을 때는 잘 드러나지 않던 상대의 다른 성격이 보이게 되고, 이를 통해 서로를 새로운 눈으로 보게 되어 두 사람의 관계가 새롭게 유지된다.

(4) 아이를 통해 새로운 친구를 사귈 수 있다.

아이가 생기면 아이를 통해서도 새로운 친구를 사귈 멋진 기회가 생긴다. 운동장에서 공원에서 또는 아이들이 함께 모여 노는 날을 정하는 과정에서 다른 부모들을 만날 수 있다. 인생에서 가장 소중한 존재인 아이가 있다는 공통점보다 더 탄탄한 우정의 기반이 또 어디에 있겠는가? 이런 우정은 몇 십 년 동안 이어질 수 있으며, 아이들 사이에서도 오랜 우정이 싹트는 경우가 많다.

"우린 아이들이 다니던 유치원 학부모 모임에서 다른 부모들을 만났어요. 우리와 같은 또래의 아이들을 둔 사람들이었는데 우리와 관심사도 비슷했죠." 릴로는 말한다. "모두 아주 행복한 결혼 생활을 하는 부부들이었고요. 벌써 그들과 50년 지기 친구가 됐네요."

"10년 전쯤 그 중 한 친구가 배우자를 잃었을 때 우린 소풍 클럽을 결성했어요." 제리가 말을 이어받는다. "한 달에 한 번씩 만나서 우리 아이들이 놀던 공원에서 저녁을 먹는 거예요. 날씨가 안 좋을 때는 그중 한 부부의 집으로 가서 먹고요. 우린 그 모임에 다섯 쌍을 더 끌어들였어요. 지금은 배우자를 잃은 사람들도 있지만 지금도 함께 만나 친분을 나누는 건 여전해요. 서로의 좋았던 때와 나빴던 때, 아이들의 일까지 모르는 게 없으니까요."

(5) 친구, 가족들과 자주 축하하는 자리를 갖는다

행복한 커플은 크고 작은 특별한 경우를 찾아 친구, 가족들과 서로의 사랑과 행복을 경축하는 자리를 만들기 위해 노력한다. 생일이나 명절, 기념일에만 모여서 즐기는 데서 그치지 않고 그 사이에 소풍, 디너파티, 이웃 모임, 가족모임 등 모두가 한데 모여 즐길 수 있는 자리를 만드는 것이다. 친척들의 나이가 들어가면서 장례식이나 제사 같은 일로 한 자리에 모이는 일이 점점 늘어나지만, 슬픈 일이 생길 때를 기다리지 말고 모두가 건강하게 살아 있을 때 함께 경축할 수 있는 행복한 일을 찾는 것이 훨씬 낫지 않겠는가?

사회봉사 활동에 함께 참여하라

좋은 결혼 상대자는 좋은 시민이 된다. 좋은 결혼 상대자가 자신의 욕구보다 상대의 욕구를 먼저 살피듯이 좋은 시민은 자신과 가족의 욕구보다 사회 속 다른 이들의 더 큰 욕구에 먼저 시선을 돌리기 때문이다. 그렇게 좋은 배우자는 좋은 시민이 되고 좋은 시민은 좋은 배우자가 된다. 자신이 속한 사회를 좀 더 살기 좋은 곳으로 만들기 위해 노력함으로써 조금 더 나은 사람이 되어가는 것이다. 그러다보면 역으로 부부와 가족의 유대감도 강화된다. 자신이 속한 사회를 살기 좋은 곳으로 만드는 일은 가장 만족스럽고 즐거운 일이기도 하다.

다른 사람을 돕다 보면 성공을 축하할 기회도 늘어난다. 동네에 수영

장을 만들고, 아이들에게 글자를 가르치고, 더 나은 정치인을 뽑고, 집 없는 가족에게 집을 찾아주는 일 등은 성공을 축하할 멋진 이유이며, 같은 견해를 공유하는 사람들을 만나는 기회이다.

사회에 봉사하는 만족감을 즐길 일은 끝없이 많다. 무료 급식소에서 일을 할 수도 있고, 학교에서 보조 교사나 개인 교사로 자원봉사를 할 수도 있으며, 새 교회나 절이나 모스크를 짓기 위한 기금 마련 행사를 조직할 수도 있고, 어린이 야구나 축구팀의 코치, 혹은 스카우트 지도자가 될 수도 있다.

은퇴 후에 이런 일을 시작하려고 기다릴 필요는 없다. 뭔가 가치 있고 어려운 일을 하노라면 세상과 자기 자신에 대해 더 뿌듯한 기분이 들 것이다. 그리고 자신이 얼마나 운이 좋은지 깨닫는 계기가 될 것이다.

배우자와 함께든 아니든 다른 사람을 위한 일을 할 때 가장 큰 능력이 발휘되고, 그렇게 두 사람에게는 서로를 존경할 이유가 한 가지가 더 생기게 된다. 아이들까지 참여시킬 수 있으면 더욱 좋다. 그 이익은 손자까지 포함한 온 가족에게 돌아간다.

"일곱 살 난 손녀가 승마 수업을 마치고 와서 같이 점심을 먹다가 바닥에 콜라를 쏟은 적이 있었어요." 할아버지인 제리의 회상이다. "손녀가 휴지를 가져와서 콜라를 닦았는데, 그 부분이 다른 곳보다 더 하얘진 걸 보고는 콜라를 조금 더 붓더니 점점 더 넓게 닦기 시작하는 거예요. 온 바닥이 다 깨끗해질 때까지요. 그래서 내가 '이제 바닥이 깨끗하구나. 그런데 왜 그랬니?' 하고 물었더니 아주 심각한 얼굴로 이러는 거예요. '이렇게 안 하면 어떻게 세상을 더 살기 좋은 곳으로 만들 수 있겠어요, 할아버지?"

주는 것보다 더 많은 것을 돌려받는다

두 사람이 함께 쌓아가는 행복하고 건강한 생활은 모든 것을 아우른다. 두 사람이 공유하는 사랑과 존경은 다른 사람에 대한 사랑과 존경의 씨앗이 되고, 함께 결정을 내리는 능력은 안정감과 함께 한 배를 타고 있다는 소속감을 안겨준다. 멋진 성생활은 자극과 친밀한 연대감을 느끼게 해주며, 건강은 더 많은 재미와 즐거움을 경험할 수 있는 에너지와 열정을 준다.

좋은 결혼은 두 사람이 함께하는 삶의 거의 모든 면을 강화시켜준다. 당신의 주위에는 행복한 결혼 생활을 하는 친구들이 있을 것이고, 옆에는 함께 하루하루를 헤쳐 나가는 배우자가 있을 것이다. 운이 좋으면 함께 아이를 키우는, 어느 것과도 비할 바 없는 기쁨을 맛보게 될 것이고, 그보다 더 운이 좋아 평생 행복한 결혼 생활을 위해 힘을 쏟는다면 아이와 손자손녀들에게 그 전통이 이어져 그들 역시 행복한 결혼 생활을 하는 모습도 볼 수도 있을 것이다.

"50여 년 전에 릴로를 처음 만났을 때는 우리가 함께 행복할 수 있을지 확신할 수가 없었죠. 하지만 현실이 꿈보다 훨씬 더 좋아졌어요." 제리는 말한다. "우린 단지 손만 잡고 있는 게 아니라 여전히 함께 춤을 추고, 사랑을 나누고, 산에서 스키를 타죠. 돌이켜보면 다른 사람과는 이렇게 멋진 인생을 누릴 수 없었을 겁니다."

"제리 덕분에 난 더 모험심을 갖게 되었고, 내 덕분에 제리는 더 사교적인 사람이 됐어요. 우린 젊었을 때보다 지금이 훨씬 더 즐거워요. 결혼이 우리의 세상을 말할 수 없을 만큼 넓게 만들어 주었죠." 릴로의 말이다. "우린 우리 아이들의 배우자와 손자손녀들을 사랑해요. 가족은 우리에게 가장 큰 기쁨이죠. 우린 행복한 결혼 생활과 아이라는 기적을 함께 공유했어요. 그중에서도 가장 좋은 건 우리가 함께 있다는 거고요. 다행히 우린 함께 힘을 모아 사회에 영향을 미칠 수도 있었어요. 행복한 결혼에서는 늙어도 늙는 게 아니랍니다."

Wonderful Marriage

우리나라 결혼 정보회사

♥ **선우 : www.couple.net**
좋은 만남을 주선하는 온라인 전문 결혼정보회사

♥ **디노블 : www.dnoble.co.kr**
차별화된 계층별 상류3%이내의 만남 서비스를 지향하는 결혼정보회사

♥ **듀오 : www.DUO.co.kr**
고객만족을 최우선으로 하는 대한민국 대표 결혼정보회사

♥ **가연 : www.gayeon.com**
아름다운 인연을 소중히 생각하는 결혼정보회사

♥ **엔노블 : www.Nnoble.co.kr**
서울대 총동창회 제휴사로서 노블레스 성혼을 위한 결혼정보회사

♥ **퍼플스 : www.PURPLES.co.kr**
전문직, 유학파, 엘리트 상류층을 고객으로 하는 노블레스 결혼정보회사

♥ **더원 : www.theone.co.kr**
'재혼 희망자의 등대' 새로운 행복출발을 열어주는 재혼전문 결혼정보회사

부록 1

데이트 입문서: 온라인 데이트, 개인 광고, 결혼 중매 서비스에 대한 가이드

새로운 데이트 상대를 찾고 있다면 가능한 한 많은 방법을 시도해보는 것이 좋다. 여기서는 여러가지 데이트 서비스의 장단점과 이들 서비스를 최대한 활용하는 법을 다루고자 한다. 이것은 많은 사람들이 이용해 성공을 거둔 방법들이다.

온라인 데이트 사이트

지난 몇 년 간 온라인 데이트 사이트의 수는 이들 사이트를 방문하는 사람들 — 나이, 배경, 관심사를 불문하고 — 의 숫자와 함께 엄청난 성장세를 보였다.

온라인 데이트 사이트를 방문한 미국인들의 숫자는 2000년에는 350

만이던 것이 2004년에 들어와서는 매달 450만을 넘었다. 방문객 수와 사이트의 수는 계속해서 증가하고 있다. 그 중에서도 규모가 큰 사이트인 이하모니(eHarmony)는 2000년 8월 22일에 사이트를 개설한 후 첫 해에 자신들의 사이트를 통해 부부 1,500쌍이 탄생했다고 주장한다. 그리고 가장 최근 자료에 의하면 이 사이트에서 만난 커플 중 하루에 10쌍이 결혼을 계획하고 있다고 한다. 1년이면 3,000쌍이 넘는 숫자다.

사이트에 따라 제공하는 서비스는 다르다. 사람들 리스트만 제공하는 사이트도 있고, 라이브 채팅, 음성, 비디오까지 제공하는 곳도 있다. 여기서 당신은 가능성 있는 데이트 상대와 온라인 채팅을 할 수도 있고, 자신의 온라인 프로필에 오디오 및 비디오 메시지를 첨부해놓을 수도 있다. 대부분 데이트 사이트는 매달 구독료를 내야 프로필을 올려놓은 사람들과 대화를 할 수 있는데, 그 전에 무료 시험 기간을 제공하는 곳도 많다.

온라인 데이트 사이트에는 일반적인 사이트와 특정 관심사나 특징에 중점을 둔 특별 사이트가 있다. 일반적인 사이트들에서는 어떤 사람, 어떤 만남이든 관계없이 폭넓은 서비스를 제공한다. 익명의 이메일 접촉이나 전화 접촉, 진지한 관계, 짧고 강렬한 관계 뭐든 가능하다. 특별한 사이트는 종교, 인종, 국적, 나이, 교육 수준, 취미 등으로 분류된다.

개인 광고

　온라인 데이트 사이트가 생기기 전에는 지역 잡지나 신문 뒤편에 실린 개인 광고를 통해 많은 사람들이 맺어졌다. 그리고 지금도 이 광고는 사는 곳이 비슷하고 관심사와 태도가 비슷한 사람들이 만나는 통로로 이어져 오고 있다.

　개인 광고를 할 때는 어떤 사람을 원하는지 정확히 묘사해야 한다. 광고를 내면 짧은 시간 안에 많은 답을 받는다. 응답을 보내온 사람들에게 사진과 함께 어떤 사람인지 설명해 달라고 요청할 수도 있다. 누구에게 답장을 할지, 혹은 답장을 보낼 지는 순전히 자신의 선택에 달려 있다. 누구의 감정도 상하지 않게 사람들을 걸러낼 수 있다.

　잡지와 신문의 개인 광고는 온라인 프로필보다 훨씬 짧고 상세한 내용이 부족하기 때문에 답을 보내온 사람들을 판단해볼 기회가 최대한 많이 필요하다. 그 사람을 알아보는 가장 좋은 방법 중 하나는 자동응답기에 녹음된 목소리를 들어보는 것이다.

　광고를 내고 나면 즉시 자동 응답기에 메시지를 녹음해 놓아야 한다. 광고를 낼 때 그랬던 것처럼 녹음 내용과 목소리에 신중을 기해야 한다. 편안하고 자신 있고 매력적으로 들려야 한다. 또한 이 기회에 광고에 포함시킬 수 없었던 내용을 담을 수도 있다.

　녹음 시간은 2, 3분가량이 허용된다. 그 정도면 야간 뉴스에서 주요 뉴스를 전달하기에 충분한 시간이다. 그 시간 안에 많은 이야기를 할 수 있다. 그러니 할 말을 적어 놓고 명확하고 자연스럽게 말할 수 있을 때까지 연습하는 것이 좋다.

상세한 메시지를 녹음해두면 상대방도 그 내용을 듣고 상세한 메시지를 남길 것이다. 이 단계에서 서로에 대해 더 많이 알아두는 것이 누구를 선택하든 더 편한 느낌을 가질 수 있다.

전문 중매 서비스

너무 바빠서 광고 문구를 쓰거나 온라인 서치를 할 시간이 없는 사람들도 많을 것이다. 낯선 곳에 새로 이사를 와서 어디서부터 시작해야 할지 모르는 경우도 있다. 아니면 그런 것을 해보았지만 성공하지 못한 경우도 있을 것이다. 당신이 만약 이런 경우에 해당된다면 당신을 위해 후보자를 걸러줄 사람이 필요할지도 모른다.

중매에는 두 가지 종류가 있다. 컴퓨터 중매와 사람 중매. 컴퓨터 중매 서비스는 질문서를 작성해서 보내면 컴퓨터가 서로 공통점이 있는 상대를 찾아 연결해준다. 이 과정에 사람은 전혀 개입하지 않는다. 컴퓨터 데이트 서비스에 많은 사람들의 데이터가 들어 있고 질문서에 당신이 중요하게 생각하는 분야들이 포함되어 있다면 선택 폭을 좁히는 데 도움이 될 것이다. 하지만 이건 그야말로 가정일 뿐이다.

사람 중매에서는 컴퓨터뿐만 아니라 사람이 개입해 당사자를 만나 대답을 적고 손수 가능성 있는 상대를 골라준다. 다른 유료 고객에게 보여주기 위해 인터뷰 모습을 비디오로 찍는 곳도 있다. 당신도 상대의 비디오테이프를 보고 마음에 드는 사람을 연결해 달라고 요청할 수 있다.

이런 서비스는 수백 달러에서 수천 달러까지(가격은 조정 가능한 경우가 많다) 가격이 아주 비쌀 수 있다. 그리고 반드시 짝을 찾는다는 보장도 없다. 그러니 여러 가지 질문을 해본 다음 신중하게 결정해야 한다.

인터뷰하는 사람이 상대를 찾아주는 사람인지 확인하라. 그렇지 않다면 굳이 인터뷰를 한 이점이 없어진다. 한 번도 만난 적이 없는 사람이 어떻게 당신에게 어울리는 짝을 찾아줄 수 있겠는가?

그들의 데이터에 당신과 같은 나이 대와 같은 지역에 사는 사람들이 얼마나 들어 있는지 알아보라. 그리고 지난 6개월(혹은 일 년)간 등록한 회원들이 얼마나 많은지도 알아보자. 서비스에 만족하는 고객들의 추천을 받는 것도 좋다.

온라인 프로필, 광고 작성 요령

지역 신문이나 잡지에 싣든 온라인 데이트 사이트에 올리든 자신에 대한 설명을 쓸 때는 다른 사람들의 광고나 프로필을 천천히 읽어보며 주로 어떤 형식을 사용하는지, 그리고 어떤 글이 관심을 끄는지 살펴보라.

무슨 말을 할지 모르겠으면 자신이 어떤 사람인지 적어보자. 성격적 특징, 신체적 특징, 취미, 가족, 여행 경험, 선호하는 것, 종교, 스포츠, 운동, 건강 습관, 정치, 자신을 이루는 가장 중요한 요소라고 생각하는 것과 가장 자랑스러운 점, 사랑하는 사람을 위해서도 이것만은 바꾸고 싶지 않다는 것 등 무엇이든 좋다.

그런 다음에는 상대에게 바라는 점을 적어보라. 구체적으로 적어야 한다. '해변 산책'을 좋아한다고 적을 수도 있지만 그렇지 않은 사람이 어디 있을까? 이것으로는 당신과 정말로 어울리는 후보의 검색 범위를 줄일 수 없다. 검색 범위는 부적절한 사람을 제거할 정도로만 좁히는 것이 좋다. 너무 좁혔다가는 좋은 사람까지 제외시켜 버릴 수 있다.

(1) 사진을 첨부하거나 보낼 준비를 하자

직접 만나는 것만큼 확실하지는 않지만 사진은 서로가 얼마나 잘 어울릴지 알아볼 수 있는 중요한 단서가 될 수 있다.

온라인 사이트를 이용할 경우에는 디지털 카메라를 이용하여 행복한 표정으로 자연스러운 사진을 찍어라. 그런 다음 가장 좋은 사진 두세 장을 골라 프로필과 함께 사이트에 올린다. 짐작하겠지만 가장 많은 응답을 받는 건 사진이 첨부된 프로필이다.

개인 광고를 이용할 때는 다른 사람의 광고에 응답할 때 함께 보낼 사진을 준비해두어라. 집 주소가 노출되는 것을 피하기 위해서는 사서함을 빌려 광고가 나가는 동안 사용하면 된다.

(2) 답신 고르기

편지나 이메일 답신을 몇 번씩 반복해서 읽어라. 음성 메시지도 마찬가지다. 말뿐만 아니라 말투까지 고려하라. 많은 사람들이 자신에 대해 조금씩 속인다는 것을 명심하자. 남자들은 키를 2, 3센티미터 정도 올리고, 여자들은 실제로 그렇든 아니든 날씬하다고 말하는 경향이 있다. 그리고 남녀 모두 실제보다 더 좋은 곳에 사는 듯한 인상을 주기 위해 주소를 바꾸기도 한다. 하지만 그 사람이 진솔해 보이는지 아닌지는 결국 직감을 믿을 수밖에 없다.

각각의 답신에 쪽지를 달아 자세한 기록을 해놓아라. 그 사람들을 모두 기억할 수는 없다. 처음에는 이메일로 시작하라. 그리고 다음 단계로 나아갈 준비가 되었을 때 수화기를 들어라.

(3) 처음 연락할 때

처음 전화를 걸 때는 그 사람이 집에 없을 만한 낮에 걸어라. 음성 메시지를 들어볼 기회가 된다. 음성 메시지를 통해서 그 사람이 당신의 광고에 보낸 답신만큼이나 많은 정보를 얻을 수 있다. 룸메이트나 이웃 사람, 개, 아이들, 그 밖에 무엇이든 당신을 방해할 요소 없이 대화에 100% 집중할 수 있을 때 전화를 걸어라.

전화가 연결되면 서둘러 데이트를 잡지 말고, 하고 싶은 질문을 모두 하면서 어떤 사람인지 알아보라. 개인적인 질문도 두려워하지 마라. 전화 통화는 데이트를 해도 좋을 만큼 공통점이 있는 사람인지 알아볼 수 있는 또 하나의 수단이다. 전화 통화는 한 번 이상 하는 게 좋다. 그래야 서로가 어떤 사람인지, 어떤 생각을 하고 있는지, 서로에게 맞는지 맞지 않는지 충분히 알아볼 수 있다.

(4) 첫 데이트

실제로 만나도 괜찮을 만큼 공통점이 있다고 판단했다면 첫 데이트는 공개된 곳에서 하라. 절대 상대에게 교통편을 의지하지 말라. 데이트는 저렴하고 간단하게, 커피나 아이스크림 정도가 좋다. 서로 끌리지 않는다면 다시 만나고 싶지 않은 사람과 비싼 저녁을 먹으며 저녁 시간을 몽땅 써버리지 않아도 되니까 말이다.

반면에 서로가 마음에 들었다면 언제든지 데이트 시간을 늘릴 수 있다. 예를 들면 다음날 좀 더 긴 데이트를 잡을 수도 있다. 그것이 멋진 관계의 시작이 될 수 있다.

건강 입문서:
건강 유지를 위한 7가지 규칙

다음은 몸과 마음, 정신의 건강을 지키기 위한 일곱 가지 간단한 규칙들이다. 자신의 신체적, 정신적 건강에 의문점이 있으면 반드시 전문가와 상의해야 한다.

1. 건강한 식생활을 유지한다

애리조나 주, 투싼에 있는 건강 리조트, 캐년 랜치는 건강한 식생활을 예술의 경지로 끌어 올린 곳이다. 음식이 영양가가 아무리 높아도 맛이 없다면 누구도 오랫동안 먹을 수 없다는 것을 알고 있기 때문이다.

《더 젊고 오래 살기 위한 캐년 랜치 가이드》에 나와 있는 디이어트 가이드라인은 이런 그들의 철학을 아주 잘 보여준다. 일상생활에 이런 식습관을 접목시키면 얼마나 빨리 긍정적인 효과가 나타나는지 아마 놀라게 될 것이다.

(1) 최적의 몸무게를 유지하라

당신은 지금 최적의 체중을 유지하고 있는가? 그렇지 않다면, 미국 인구의 4분의 1이 넘는 숫자가 과체중인 것처럼 당신의 목표도 몸무게를 줄이는 것인가? 만약 그렇다면 다이어트에 성공한 수천 명의 과정과 경험을 기록으로 보관하고 있는 미국 체중조절 등기소의 두 가지 충고에 특히 귀를 기울이자. 바로 '매일 운동하기' 와 '문제음식의 소비 줄이기' 이다. 문제음식이란 인스턴트식품, 감자 칩, 아이스크림, 과자, 술 등과 같이 과식하기 쉬운 고지방, 고칼로리 음식을 말한다.

(2) 식사는 규칙적으로

건강하게 먹고 다이어트에 성공한 사람은 식사를 거르지 않는다. 하루에 세 시간에서 다섯 시간에 한 번씩 소량의 식사를 하는 것이 과식과 피로를 방지하고, 최적의 에너지 레벨을 유지하면서 몸무게를 줄이는 가장 건강한 방법이다. 아니면 저녁에 많이 먹는 것을 피하기 위해 오후 늦게 간식을 조금 먹어두는 것도 좋다.

(3) 식사량에 주의하라

먹는 양이 지나치게 많으면 건강한 다이어트를 해칠 수 있다. 대부분 레스토랑에서 팔고 있는 수퍼 사이즈 음식에는 하루에 필요한 것보다 더 많은 칼로리와 지방이 들어 있다. 자신에게 딱 맞는 음식의 양은 손바닥 크기나 카드 한 장 크기의 양이다.

(4) 과일과 채소를 하루에 8회에서 10회 섭취하라

과일 중에서 가장 영양가가 높은 것은 빨강, 파랑, 노랑, 오렌지 색 등 각종 색깔이 있는 것이다. 채소는 아스파라거스, 브로콜리, 케일, 로메인, 시금치와 같은 짙은 초록색과 가지, 양배추처럼 짙은 자주색과 붉은색을 띤 것이 가장 영양가가 높다.

(5) 정제하지 않은 곡물과 섬유소를 섭취하라

정제하지 않은 곡물과 섬유소는 혈당 수치를 안정적으로 유지해주므로 식사 사이에 배가 고파지지 않는다. 복합 탄수화물은 필수 영양소를 공급하고, 당으로 분해되는 속도도 느리므로 단순 탄수화물보다 건강에 더 좋다. 콩, 보리, 현미, 야생 벼, 통밀, 겨, 잡곡 빵이나 시리얼, 대두, 너트 및 씨앗 종류가 여기에 속한다.

(6) 건강에 좋은 지방을 섭취하라

매일 섭취하는 칼로리의 20~30%는 지방으로 섭취해야 한다. 가장 건강에 좋은 기름은 올리브유, 카놀라유, 포도씨유와 같이 난일 불포화 지방산이 높은 식물성 기름이다. 생선 기름은 오메가3 지방산의 훌륭한 공급

원이다. 오메가3는 혈관에서 뇌세포에 이르기까지 모든 조직에 이로운 항 염증제 역할을 한다. 각종 간식과 패스트푸드에 사용되는 쇼트닝, 마가린과 같은 고체 기름과 버터, 동물성 식품에 들어 있는 포화 지방(고체 지방)은 피한다.

(7) 매끼 단백질이 풍부한 음식을 섭취하라

단백질을 과하게 섭취하는 사람들이 많은데, 하루에 소량의 단백질만 섭취해도 에너지를 균일하게 유지하고 배고픔을 막아 과식을 피할 수 있게 된다. 붉은 육류에만 단백질이 들어 있는 건 아니다. 닭고기, 생선, 콩 제품은 좋은 저지방 단백질 식품이다. 콩과 쌀을 함께 먹으면 완전한 저지방 단백질 식사가 된다.

(8) 설탕 섭취를 제한하라 — 인공 감미료는 피한다

미국인들은 단 것을 지나치게 많이 먹는 경향이 있다. 하루 평균 설탕 섭취량이 20티스푼에 달한다. 인공 감미료는 단맛에 대한 욕구를 한층 더 악화시킬 수 있다. 설탕 대신 과일 주스나 메이플 시럽 같은 천연 감미료를 사용하는 것이 가장 좋은 방법이다.

(9) 소금 섭취는 적절히 하라

소금을 너무 많이 먹으면 문제가 될 수 있다. 특히 고혈압이나 기타 심장 질환이 있는 사람에게는 특히 문제가 된다. 소금을 줄이는 대신 마늘, 레

몬주스, 생강, 허브, 향신료를 사용하면 맛을 희생하지 않아도 된다. 나트륨 함유량이 높은 가공 음식과 냉동 요리는 피하라.

(10) 물을 많이 마셔라

거의 3분의 2가 물로 이루어져 있는 우리의 몸에 많은 양의 물이 필요한 건 당연한 일이다. 대부분의 영양 학자들이 권장하는 양은 하루에 여덟 잔이다. 알코올과 카페인 음료는 물을 보충하는 것보다 빼앗아가는 양이 더 많으므로 주의하자.

2. 잠을 충분히 잔다

완전히 새로운 날을 기대하며 아침에 일어나고 싶다면 몸에 필요한 잠을 자는 것이 도움이 될 것이다. 대부분 사람은 일곱 시간에서 아홉 시간을 자고 났을 때 가장 잘 기능한다. 잠을 적게 자도 괜찮다고 자랑하는 유명인들이 많기는 하지만 — 린든 존슨 대통령은 네 시간 만 자면 된다고 주장했다. 나폴레옹, 토머스 에디슨, 살바도르 달리도 그랬다 — 대부분의 사람들은 그렇게 짧은 수면으로는 정신 기능이 떨어지고 육체적으로 예민해진다.

피로할 때는 사고가 일어나기도 쉽고, 배우자와 싸우기도 쉽다. 일의 효율도 방해를 받는다. 푹 쉬면 함께 지내기 더 즐거운 사람이 되고, 연애에도 놀라운 효과가 나타난다.

수면 패턴에 이상이 생기는 것은 건강에 문제가 있다는 징후일 수 있다. 오랫동안 수면 문제를 겪고 있다거나 낮에 잠에 곯아떨어진다면 의사와 상담을 하는 것이 좋다. 수면 무호흡증, 우울증 또는 다른 질병이 있지 않은지 검사를 받아보는 게 좋다. 뛰어난 치료법이 있으니 도움을 받으면 잘했다고 생각하게 될 것이다.

업무 마감이나 스트레스, 걱정 때문에 며칠 동안 보통 때처럼 쉬지 못했다면 몸의 회복 능력을 믿고 안심하라. 잠을 얼마나 못 잤건 이틀 정도 평소처럼 자고 나면 몸은 다시 정상으로 돌아온다.

흔한 수면 문제를 피하기 위한 몇 가지 방법을 소개한다.

• 카페인 섭취를 제한한다.

카페인은 누적 효과를 일으킬 수 있다. 잠자리에 들기 일곱 시간 전에는 카페인을 섭취하지 말라.

• 밤늦게 운동하지 않는다.

밤에 하는 운동은 몸을 지치게 만들어 잠이 오게 하는 게 아니라 오히려 몸을 자극할 수 있다.

• 저녁 식사 시간을 신중하게 조절한다.

다이어트 중인 사람은 배가 부를 때와 마찬가지로 공복일 때도 잠을 자기 어렵다는 것을 알 것이다. 자기 전에 많이 먹지 말라. 대신 하루에 섭취하는 칼로리를 조금 줄여 자기 전에 간식을 조금 먹으면 차분하고 졸린 기분이 들 것이다.

- 수면 문제가 있을 때는 적어도 평소의 수면 패턴이 돌아올 때까지 낮잠을 자지 않는다.
- 생각을 비우고 깊고 안정적인 호흡에만 집중한다. 긴장이 풀리면서 졸릴 때까지 반복한다.
- 좋은 섹스는 자연이 발명한 가장 좋은 수면제 중 하나이다.

3. 규칙적인 운동을 한다

가능한 한 매일 규칙적으로 운동을 하면 기분뿐만 아니라 외모도 좋아진다. 건강은 두 사람의 관계에도 놀라운 효과를 발휘한다. 기분도 좋아지고 잠도 잘 자게 되며 자신감도 향상된다. 그리고 이 모두가 합해져서 함께 있기에 즐거운 사람으로 만들어준다. 기억력과 뇌 기능도 향상된다.

운동은 스트레스를 낮추고 걱정을 없애며 긴장을 푸는 데도 놀라운 효과를 발휘한다. 잠도 더 푹 잘 수 있다. 사람은 건강하다고 느끼고 자신이 건강하다는 것을 알고 있을 때 가장 로맨틱한 분위기에 빠지기 쉽다.

최고의 운동은 자신이 좋아하는 운동이다. 그래야 계속할 수 있기 때문이다. 운동 효과를 극대화시키려면 일주일에 서너 번은 반드시 운동을 해야 한다. 그리고 유산소, 근력, 유연성, 균형 감각 등 기본적인 운동을 두루 포함해야 한다.

헬스클럽에 등록해서 운동법과 기계를 안전하게 사용하는 법을 가르쳐줄 트레이너와 함께 운동하는 것도 생각해볼 만하다. 집에서 보며 따라

할 수 있는 운동 테이프를 구입하라. 이웃 사람들과 어울릴 수 있는 가벼운 운동 모임을 만들어라. 저녁 식사 후에 배우자, 아이들과 함께 산책을 하라. 산책은 소화를 돕고 평정심을 가져다주고 에너지를 복원시켜준다. 차를 운전하는 대신 걷거나 자전거를 타라. 걷기 운동이나 조깅을 함께 할 파트너를 찾아서 6일 동안 매일 삼십 분씩이나 일주일에 한 시간씩 세 번, 아니면 일주일에 적어도 세 시간은 운동을 하도록 한다. 하길 잘했다는 생각이 들 것이다.

(1) 심혈관계 건강을 위한 유산소 운동

에어로빅은 심장을 뛰게 만들어 혈액 순환과 산소를 사용하는 몸의 능력을 향상시키고, 에너지를 공급하며 좋은 콜레스테롤(HDLs나 고밀도 지방단백질)의 수치를 높여준다. 무엇보다도 에어로빅을 하면 기분이 좋아진다. 격렬한 에어로빅은 '러너스 하이(runner's high, 마라톤처럼 중간 강도의 운동을 30분 이상 계속할 때 느끼는 행복감)를 일으키는 화학물질인 엔돌핀 생산을 자극해 기분을 좋게 만들어준다.

긴장을 푸는 심호흡 운동

바닥이나 침대에 눕는다. 숨을 마시고 내쉬면서 배가 오르락내리락 하는 것을 느낀다. 들이마실 때는 차갑고 내뱉을 때는 뜨거운 공기의 느낌에 집중한다. 이제 세 번 깊은 심호흡을 한다. 그런 다음 천천히 숨을 마시고 내쉬며 차가운 공기가 흘러 들어오고 뜨거운 공기가 흘러 나가는 느낌을 제외하고는 모든 생각을 내려놓는다. 호흡을 할 때마다 점점 긴장이 풀리는 기분이 들어야 한다.

(2) 근력 운동

근력이 향상되면 신체 협응력이 좋아지고 골밀도가 강화되며 요통이나 관절염 같은 고질적인 문제가 완화된다. 몸무게 관리에 도움이 되고 몸에 이로운 칼륨, 칼슘, 마그네슘, 인 등도 증가한다. 덤벨 몇 개만 있으면 집에서도 근력 운동을 할 수 있다.

(3) 시작과 마무리는 스트레칭으로

운동의 처음과 끝은 물론 하루 일과를 부드러운 스트레칭으로 시작하고 마무리한다. 스트레칭은 유연한 몸을 유지하고 자세를 교정해주며 균형감각을 유지하는 데도 도움이 된다. 그러면 무엇을 하든 — 춤을 추든 정원 손질을 하든 그냥 장난을 칠 때도 — 몸을 마음대로 움직일 수 있다.

4. 여가 활동을 위한 시간을 낸다

여가 활동, 특히 스포츠 같이 활동적인 여가 활동은 몸과 마음에 에너지를 가져나준다.

결혼 32년차인 에블린과 게리는 늘 여가 시간을 특별하게 만들었다. 에블린이 말한다.

"우린 젊었을 때 배낭여행과 캠핑을 아주 많이 했어요. 지금도 하이킹을 하고, 크로스컨트리 스키도 새로 시작했어요. 다시 아이가 된 것 같은 기분이에요. 애들도 다 컸는데 마음은 아직 청춘이란 생각이 들죠. 최근에는 헬스클럽에도 가입했어요. 헬스클럽에서 만나서 두 시간 정도 운동을 하고 나서 같이 집으로 돌아가 맛있는 저녁을 먹죠. 완벽한 데이트 아니에요?"

5. 담배를 끊고, 알코올이나 약물 남용을 금한다

담배 문제는 중간 지대가 없기 때문에 단순명료하다. 피우거나 끊거나 둘 중 하나다. 얼마를 피우든 간에 담배가 건강에 좋을 수는 없다. 그러니 담배를 피운다면 끊어라. 담배를 피우지 않는다면 시작하지 마라. 수명을 단축시키고, 상대에게도 나쁘다.

알코올과 약물은 조금 까다로운 면이 있다. 적당한 양은 수명과 건강에 도움이 될 수도 있기 때문이다. 하지만 정도를 벗어나 문제로 빠지기가 너무 쉽다. 선을 넘었다는 의심이 들거나 주위에서 배우자가 알코올이나 약물을 적절히 사용하지 못한다고 걱정한다면 이를 경고로 받아들이고 즉시 섭취량을 줄여야 한다. 끊기가 어렵다면 전문가의 도움을 받거나 단체에 가입하라.

6. 긍정적인 태도를 갖는다 — 낙천주의자가 오래 산다

긍정적인 정신 자세는 최적의 건강 상태를 유지하는 데 매우 중요하다. 행복한 커플은 비판을 피하고 세상과 서로를 긍정적인 시선으로 바라본다.

미네소타 주, 로체스터에 있는 메이요 클리닉의 조사에 따르면 낙천주의는 사람을 더 건강하게 만들어준다. 낙천주의자는 회의주의자보다 더 오래 산다. 미네소타 대학의 또 다른 조사에 따르면 병에 자주 걸리지도 않는다. 병에 걸려도 더 빨리 회복한다.

긍정적인 태도는 노력으로 익힐 수 있는 습관이다. 잘못된 것에 대해 불평하는 대신 자신의 연인, 결혼 생활, 세상의 좋은 점에 초점을 맞추어야 한다는 점을 늘 기억하라. 긍정적인 태도는 그날 하루 만나는 모든 사람들과 자기 자신에게 친절하게 대하는 것으로 시작된다. 결점까지 포함해서 있는 그대로의 자신을 받아들일 수 있을 때 사랑하는 사람을 받아들이기도 훨씬 쉬워진다는 것을 알게 될 것이다.

7. 스트레스를 줄이고 긴장을 푼다

부부가 생활 속 스트레스를 줄이기 위해 노력해야 할 이유는 아주 많다. 스트레스를 받을 때는 마음만큼 상대에게 신경을 쓰거나 나정하게 내하기가 어렵다. 스트레스에 지쳐 있으면 로맨스를 즐길 기분도 섹스를 할 기분도 나지 않는다. 물론 자신의 몸과 마음에도 해를 끼친다. 고질적인 스트레스는 천식, 암, 당뇨에서 두통, 심장병, 위궤양까지 거의 모든 건강 문제와 연결된다.

스트레스를 줄일 한 가지 방법은 규칙적인 운동이다. 점점 많은 사람이 스트레스를 이기고 마음의 평안을 얻기 위해 5,000년의 역사가 있는 자세와 호흡 체계인 요가를 시작하고 있다. 이제는 거의 어느 헬스클럽에서든 요가 수업을 찾을 수 있다. 심지어는 전국적으로 수십 곳의 학교에서 아이들에게 요가를 가르치고 있다. 요가는 절제된 호흡과 함께 일련의 자세를 취함으로써 몸과 마음에 균형을 가져오는 동시에 힘과 지구력과 스태미나를 증진시킨다.

깊은 호흡과 명상은 균형 감각을 강화시키는 데도 큰 도움이 된다. 사람들은 대개 호흡을 당연하게 여긴다. 하지만 호흡의 깊이와 속도는 우리의 기분과 집중력, 스트레스 정도에 엄청난 영향을 미칠 수 있다. 아무것도 하지 않고 단순히 천천히 호흡을 하는 것만으로도 긴장이 풀릴 것이다.

재미있는 면을 찾아라

스트레스가 심한 상황에서도 아주 사소한 것이라도 찾아내 감사하는 버릇을 들여라. 조금이라도 재미있는 면을 찾을 수 있으면 더 좋다. 그러면 당장의 긴장감에서 벗어나 한 발 물러서서 현재의 상태를 다시 생각해볼 여유가 생길 것이다. 그런 다음 몇 번 심호흡을 하고 나면 긴장이 풀릴 것이다.

재미있는 영화를 빌려서 이웃이 놀라지 않을 정도로 크게 웃어라. 아이들은 어른들보다 27배나 많이 웃는다는 사실을 아는지? 아이들만 즐거워하란 법은 없다. 웃을 때는 화를 내거나 우울해질 수 없다. 그러니 모든 걸 잊고 웃어라. 그러면 기분이 좋아질 것이다.

행복한 결혼 생활을 위한 5가지 기술

—테렌스 리얼

행복한 관계는 마법처럼 생기지 않는다. 리즈 부부가 지적하고 나의 실천법이 꾸준히 증명해 왔듯이 행복한 관계는 관심과 지속적인 훈련의 결과물이다. 나는 50년 넘게 행복한 결혼 생활을 경험해온 두 사람이 행복한 결혼에 이르는 현명하고 솔직한 로드맵을 제시해주는 이 책에 참여하게 되어 얼마나 기쁜지 모른다.

멋진 관계를 위한 5가지 기술

나는 말 그대로 수백 쌍의 부부에 대한 관찰을 바탕으로 행복한 부부들이 거듭해서 보여주는 기술 다섯 가지를 선정했다. 완벽한 사람은 없으며, 어느 부부에게나 갈등은 있다. 하지만 행복한 부부는 갈등을 넘어 관계를 강화하는 법을 익힌다. 그리고 자신의 욕구와 상대의 욕구를 충족시키는 법을 배운다. 아래의 다섯 가지 기술은 관계의 질을 향상시키는 데 도움이 될 것이다.

- 사랑과 재치를 담아 솔직하게 말한다.

  마음속 이야기는 숨김없이, 사랑을 담아 이야기하라.
- 관용을 베푼다.

  자신이 이야기하는 대상이 사랑하는 사람이라는 사실을 기억하라.
- 서로에게 정보를 준다.

  소통을 통해 긍정적인 행동을 불러일으켜라.
- 필요한 것을 요청한다.

  잘못된 것에 대해 불평하지 말라.
- 서로를 소중하게 여긴다.

  함께 있는 것을 즐길 수 있는 시간과 공간을 만들어라.

(1) 사랑과 재치를 담아 솔직하게 말한다

아무리 견고한 관계에도 갈등은 존재한다. 멋진 관계는 갈등을 피하지 않는다. 오히려 사랑과 친절로 갈등을 대한다. 물론 일개 인간일 뿐인 우리는 상처를 받았을 때 처음에는 사려 깊은 반응을 보이지 못할 수도 있다. 이성적으로는 분노의 말이 두 사람 사이에 더 큰 거리감을 만들 수 있다는 것을 알면서도 자신이 그랬듯이 상대의 감정을 아프게 만들 말로 복수하고 싶어 하기도 한다. 아니면 자신을 보호하기 위해 뒤로 물러나 상대가 상처를 준 것에 미안한 마음이 들게 만들 수도 있다.

하지만 내가 '지는 전략'이라고 부르는 복수와 후퇴라는 이 두 가지 반응은 실제로는 더욱 상대의 화를 돋울 수 있다. 복수하거나 물러서는 대신 솔직하게, 하지만 신중하게 사랑을 담아 자신의 마음을 이야기해야 한다. 걷잡을 수 없이 자신을 표현하는 것도 지는 전략이다. 생각나는 대로 아무 말이나 해도 되는 것이 친밀함이라고 잘못 생각하는 부부들이 있다. 성공적인 부부는 말하기 전에 생각하고, 상대가 어떻게 느낄지 조심한다. 말로 꺼내지 말아야 할 생각도 있다는 것을 알고 있는 것이다.

(2) 관용을 베푼다

좋은 관계를 유지하는 부부는 친절과 관용으로 서로에게 반응한다. 첫 단계는 상대의 말을 듣는 것이다. 이야기를 듣는 행위는 서로를 위해 할 수 있는 가장 애정 어린 행동 가운데 하나이기 때문이다.

부부가 차이점을 없애는 것으로 서로의 차이점을 해소하려고 노력하는 것은 자연스러운 반응이다. 의견이 충돌하면 누가 옳은지(상대에게 자신의 의견이 옳다고 확신시키기 위해) 밝혀내는 것이 갈등을 없애는 길이라고 생각하는 것도 자연스러운 반응이다. 그러나 자연스럽지만 잘못된 반응이다. 당신의 목적은 싸움을 이기는 것이 아니라 두 사람 모두 만족할 수 있는 해결책을 위해 노력하는 것이어야 한다. 이제 누가 옳은지는 중요하지 않다는 생각을 해야 할 때이다. 중요한 것은 관계다.

충동적인 반응을 억제하라

행동하기 전에 이 행동이 목적을 이루는 데 도움이 될 것인지 스스로에게 물어보라. 이런 행동을 하면 원하는 것을 얻을 수 있을 것인가? 두 사람의 유대감을 강화시키는 데 도움이 될 것인가? 나의 말은 친절한가? 아니라는 결론이 나오면 멈추고 다시 생각하라.

그리고 그 순간, 덜 민감하고 더 성숙한 자신을 불러내야 한다. 그 자신은 이렇게 말할 것이다. '참아, 그리고 심호흡을 하는 거야! 저 문을 나서면 어디로 가게 될지 잘 알잖아. 이번에는 새로운 문을 열어보자. 이번에는 가령, 싸우지 말자. 겸손하게 말하자. 이번에는 피하지 말자. 비난하거나 비판하지 말고 문제를 다루어보자.'

욱하는 충동에 넘어가지 않기란 쉽지 않다. 하지만 연습을 하면 쉬워진다. 연습을 하다보면 반사적이고 백해무익한 반응을 사랑과 신뢰를 쌓는 반응으로 바꿀 수 있다. 잠시 멈췄다가 심호흡을 한 다음 좀 더 이성적이고 사랑이 담긴 반응을 보이는 법을 익힐 수 있다. 그것은 어른인 자신의 목소리다. 멋진 관계 속 두 사람은 끊임없이 신중하게 자신의 그런 목소리에 귀를 기울인다.

좋은 소식을 한 가지 전하자면, 그럴수록 우리의 관계는 더욱 튼튼해진다. 어리석은 행동을 버리고 영리한 행동을 선택할 때마다 관계의 근육이 튼튼해져 영리한 행동이 정상이 되고 스스로를 패배시키는 반응은 사라지게 된다. 과거에 두 사람이 아무리 비참하고, 사납고 무서운 반응을 주고받았다 해도 그런 패턴은 바뀔 수 있다. 더 나은 대화를 하기 위한 노력을 멈추지 말라. 건강하고 사랑이 담긴 대화를 연습하다보면 습관적인 반응을 뛰어넘어 좀 더 나은 반응을 보여줄 수 있다. 좀 더 인내하고 반사적인 반응을 억제하라는 리즈 부부의 충고처럼 자신의 행동을 의식하며 좀 더 사려 깊고 애정이 담긴 반응을 보이려고 노력하라.

그러면 사려 깊고 재치 있는 선택에 대한 보답을 받을 것이다. 그리고 이성이 튼튼하게 자리를 잡아갈수록 반응이 점점 더 좋아질 것이다. 하지만 다른 연습과 마찬가지로 중요한 건 실천이다. 깨달음을 얻을 수도 하루 종일 감정을 있는 대로 터뜨릴 수도 있지만 행동을 바꿀 결심을 하기 전까지는 변하는 건 없다. 그러니 처음에는 서툴지라도 시작하라. 자신이 할 수 있는 곳에서 시작해서 발전해나가면 된다.

옳고 그름을 따지지 말라

다음에 싸움을 하게 되면 누가 옳은 지는 중요하지 않다는 점을 떠올리기 바란다. 중요한 것은 사랑과 관용으로 갈등을 해소하는 것이다. 리즈 부부의 말처럼 "옳은 것보다는 서로에게 친절한 것이 중요하다."

우리는 주로 논쟁을 통해 문제를 다룬다. 나는 내 이야기를 하고, 상대는 상대 이야기를 하면 해결될 것이라고 생각한다. 많은 경우에는 효과가 있을 수 있다. 하지만 이런 접근법이 통하지 않는 경우도 있다. 한 가지 논쟁이 여러 단계의 발효를 거치며 몇 년 동안 지속되는 경험을 한 적이 있는가? '그건 당신 입장이고 내 입장은 이렇다.' 라는 식의 팽팽한 논쟁은 긴장감만 가중시킬 뿐이다. 어느 쪽도 충분히 자신의 이야기를 전했다거나 이해받았다는 기분을 느끼지 못하기 때문이다. 아무리 행복한 부부도, 그래야만 한다면, 어떤 문제에 대해 화가 났다는 불평을 늘어놓을 수 있다. 하지만 두 사람이 동시에 불평을 터트리지는 않는다.

화가 난 사람은 당신의 생각, 감성, 혹은 화를 내는 이유나 설명에 관심을 갖지 않는다. 당신에게 전혀 집중하지 않는다. 그 사람이 알고 싶은 건 오직 당신이 화를 내고 있는 자신의 상태에 관심이 있느냐 없느냐이다.

상대의 이야기를 들어라

싸움을 하면 자신의 입장에 초점을 맞추거나 이해시키려 하지 말고 상대의 관점과 입장을 이해하는 데 초점을 맞추어야 한다. 상대가 사실을 잘못 알고 있거나 당신의 동기를 잘못 해석하거나 상황을 오해하고 있더라도 마음속 생각을 말할 수 있도록 끼어들지 말라. 당신의 목적은 상대를 이해하는 것이지 잘못을 바로잡는 것이 아니다. 동의할 필요는 없다. 하지만 그것이 상대가 보는 관점이라는 것을 이해해야 한다.

그리고 상대가 한 말을 되풀이하라. '그래서 당신 기분이 ……하다는 말이군.' 당신이 무슨 말인지 알아들었다는 것을 상대가 이해해야 한다. 질문을 하고 상대의 관점을 이해했다는 것을 말로 표현하면 상대는 인정받았다고 느낄 것이다.

당신이 관심을 갖고 있고 상대를 사랑한다는 것을 보여주면 상대도 당신의 관점에 초점을 맞출 수 있다. 하지만 그러기 전에는 아무리 당신의 경험에 초점을 맞추려 노력해도 상대의 눈에는 문제를 피하려는 시도로밖에 보이지 않을 것이다. 아무리 의도가 좋아도 상대는 당신이 문제를 회피하거나, 방어적이고 이기적으로 행동한다고 생각할 것이다.

상대의 말을 듣는 것이 중요하다. 하지만 그것만으로는 부족하다. 들은 다음에는 관대한 반응을 보여야 한다. 이야기를 듣고 상대의 관점을 인정했으면 상대의 요청을 가능한 한 많이 들어주어야 한다. 건강한 관계에서는 누구도 무언가를 증명할 필요가 없다. 만약 요청을 들어주고 싶지 않다면 그 이유가 무엇인지 생각해보라. 상대가 불합리한 것을 요구했기 때문인가? 아니면 시키는 대로 하고 싶지 않아서인가? 유치한 이유로 거부하려 하지 말고 관용을 베풀어라. 당신의 관용이 상대에게 관용을 심어주는 가장 강력한 수단이다.

(3) 서로에게 정보를 준다

상대로부터 가장 좋은 것을 원한다면 상대가 당신의 요청에 긍정적인 반응을 보일 수 있도록 그 사람을 대해야 한다. 그 첫 번째가 원하는 것을 요청하는 것이다. 이런 말이 있다. "요청하지 않은 것을 얻지 못했다고 화를 낼 권리는 없다." 이 말은 아직도 '말해서 얻는 건 소용없어.' 라는 낭만적인 이상향 속에 빠져 있는 여자에게 특히 유용하다. 미안하지만 신데렐라는 죽었고, 왕자님은 아마 이제 막 재활원에서 나왔을 것이다. 오늘날의 세상에서는 힘든 일도 해야 한다.

어쩔 수 없을 때 맞서고, 할 수 있을 때마다 보상하라

- 함께 자리에 앉아 당신이 원하는 것이 무엇인지 분명히 이야기한다.
- 그 문제가 당신에게 얼마나 중요한지 분명히 알려서 상대의 주의를 끈다. 어쩔 수 없으면 소란을 피운다.
- 자신의 요청 사항을 배우자가 이해할 수 있는 말로 자세히 설명한다. 태도나 실체가 없는 것이 아니라 구체적인 행동에 초점을 맞춘다.
- 진정성이 보인다면 행동을 바꾸려는 조그만 시도에도 상을 준다. 비판하지도 말고 상대에게 마음을 닫아버리지 말라. 많은 사람들이 '내가 뭘 하든 그것으론 부족할 거야.' 라는 생각으로 중간에 포기해 버린다. 긍정적인 피드백을 주고, 당신 스스로 좀 더 유쾌한 사람이 되려고 노력하는 모습을 통해 계속, 더 열심히 노력할 가치가 있다는 것을 보여주어 상대의 부정적인 생각을 없앤다.

(4) 필요한 것을 요청한다 — 잘못된 것에 대해 불평하지 마라

시대가 시대이니만큼 이제는 남녀가 서로의 욕망을 파악하는 법을 익혔을 거라고 생각하는가? 그렇지 않다. 사이가 좋은 부부조차도 상대에게서 원하는 것을 얻어내는 길은 사후에 불평하는 것이라는 약간 이상한 생각을 하고 있는 경우가 있다.

자신의 요청이 거부당할 거라고 생각하거나, 필요한 것을 알려주지 않아도 상대가 마술처럼 알아야 한다고 생각해서인지 분명하게, 구체적으로 무엇이 필요한지 말하지 않는 사람들이 많다.

사람들은 불평하는 게 거절당하는 것보다 안전하다고 느낀다. 하지만 상대가 잘못했다는 불평으로는 어떤 행동도 변화시키지 못한다. 불평을 듣는 상대는 기분이 나쁠 것이고, 어쩌면 사과까지는 할지도 모른다. 하지만 행동이 바뀌지는 않는다.

어떤 사람에게는 이런 변화가 어렵게 느껴질 수도 있다. 불평은 쉽다. 아무런 위험이 없기 때문이다. 원하는 것을 요청하면 상대가 싫다고 거절할 수도 있고, 좋다고 했다가 나중에 실망시킬 위험이 있다. 하지만 좋은 관계를 유지하고 있는 사람들은 자신의 욕구가 중요하며, 원하는 것을 요청하는 것은 용인 가능한 행동이라고 생각한다.

부탁 방법을 바꿔라

불평은 쉽다. 상대의 행동에 짜증이 나 있고, 자신이 옳다고 생각할 때는 특히 더 그렇다. 하지만 효과는 없다. 불평 대신 심호흡을 해서 마음을 진정시킨 다음 이 사람이 당신이 사랑하는 사람이라는 것을 기억하자. 그리고 원하는 것을 분명히 요청한다. 비판이나 부정적인 말이 끼어들어서는 안 된다.

"데이비드, 어떻게 제때 와서 애들을 봐주는 법이 없어요? 애가 세 명이나 되는데, 매일 밤 혼자서 저녁 만들고 숙제까지 봐주는 건 무리라고요. 그렇게 배려심이 없어요?"라고 말하는 대신 이렇게 말해보자.

"데이비드, 매일 밤 혼자서 세 아이를 보는 게 너무 힘들어요. 당신 도움이 정말로 필요해요. 나한텐 아주 중요한 문제라고요. 적어도 일주일에 사흘은 여섯 시까지 집에 올 방법이 없겠어요?"

(5) 서로를 소중하게 여긴다

위에서 말한 이기는 전략 네 가지는 상황을 바로 잡고 배우자와의 관계를 최대한 활용하는 기술에 초점을 맞춘 것들이다. 마지막 이기는 전략은 관계가 좋을 때, 행복한 결혼 생활을 하고 있을 때 무엇을 할 것인지에 초점을 맞추고 있다. 멋진 관계를 만드는 데는 기술이 필요하다. 그리고 그런 관계를 소중히 여기고 잘 유지하는 기술도 필요하다.

'나한텐 그런 문제없어.'라고 생각할지도 모르겠다. 하지만 신중히 생각해보기 바란다. 당신이 옳을 수도 있다. 하지만 그렇다면 아주 드문 경우이다. 사이가 좋은 부부는 서로를 당연하게 여기며, 자신들이 가진 것을 감사하기보다는 상대에게 원하는 것에 집중하기 쉽다. 하지만 함께 행복한 생활을 나누고 있다면 서로에게 고마워하는 마음을 갖기가 더 쉽다. 밤에 데이트를 하고, 함께 휴가를 가고, 같은 취미를 공유하고, 아이들이나 다른 가족, 친구 없이 둘만의 시간을 보내라. 그리고 함께 있을 때의 즐거움에 초점을 맞추면 서로에게 고마워하는 마음이 더 쉽게 생긴다는 것을 기억하라.

나는 서로를 소중하게 여기는 전략이 다른 네 가지 전략을 모두 합한 것만큼 중요하다고 생각한다. 리즈 부부의 말처럼 그것은 서로에게 언제나 가장 좋은 딸기를 주고 싶어 하는 마음의 문제이다.

고마움을 보여라

고마움을 표현하라. 매일 하루 일과를 마친 후, 그날 일어났던 일에 대해서든 오랫동안 계속되고 있는 일에 대해서든 상대에게 감사한 점을 적어도 한 가지는 말하자. "아침에 내 말을 들어줘서 정말 고마워요."라거나 "당신 눈은 언제나 아름다워." 같은 말도 좋다. 이런 말 하는 것을 잊지는 않았으리라고 믿는다. 이런 말은 관계 내내 계속될 수 있고, 계속되어야 한다. 작은 것에 감사하라. 대단한 일일 필요는 없다. 상대의 행동에 대해 긍정적인 말을 적은 쪽지를 적어라. 메시지를 남기거나 이메일을 보내라. 매일 이렇게 한다면 두 사람의 멋진 관계는 무럭무럭 자라 더욱 강해질 것이다. 고마움을 표현하면 상대도 같은 마음과 행동으로 보답할 것이다.

저자에 관하여

릴로 & 제라드 리즈(Lilo & Gerard Leeds)

릴로와 제라드 리즈 부부는 1950년, 아디론덱 산맥의 스키 산장에서 만나 다음 해인 1951년에 결혼을 하고, 50년이 넘은 지금은 슬하에 다섯 자녀와 손자손녀 열세 명을 두고 있다. 그들은 지금도 가능하면 자주 가족끼리 스키를 타러 다닌다.

릴로와 제리는 하이테크 출판사를 차려 30년에 걸쳐 1,500명이 넘는 직원을 둔 5억 달러 규모의 회사로 키웠다. 이 회사는 첨단 산업에 정보와 인터넷 서비스를 제공하는 선두 주자가 되었다. 사회적인 책임을 지자는 회사의 정책, 특히 회사 내 탁아 시설로 '멋진 직장 상' 을 수없이 받기도 했다.

1990년에 그들은 회사 경영을 아들인 마이클과 다니엘에게 넘겨주었다. 그리고 아들인 그렉의 도움으로 자신들은 가난 속에서 자라는 아이들을 위한 공공 교육의 향상을 위해 팔을 걷어붙이고 나섰다. 리즈 부부는 1999년에 회사를 판 후 이익의 일부는 직원들에게 나눠주고 위험에 처한 아이들을 위한 비영리 단체를 몇 개 세웠다. 이 책에서 나오는 모든 수익금은 그 교육 재단에 들어간다.

릴로와 제리는 각자 수학과 과학 학위를 갖고 있으며, 함께 교양 과목의 석사 학위를 받았고, 둘이 합쳐 7개의 명예박사 학위를 갖고 있다. 그들은 뉴욕 주의 롱아일랜드에 살고 있다.

테렌스 리얼(Terrence Real)

테렌스 리얼은 20년 넘게 관계 문제 치료사이자 교사로 일해왔다. 베스트셀러인 《남자가 정말 하고 싶은 말》, 《남자와 여자, 마음을 전하는 법》, 《결혼의 새로운 규칙》의 저자인 그는 부부가 좀 더 친밀한 관계로 발전해서 더 큰 만족감을 얻을 수 있게 하는 단계적 접근법을 시도해왔다.

매사추세츠 주, 캠브리지 가족 연구소의 교수이며 애리조나 주, 메도우즈 연구소 외래 교수인 테렌스 리얼은 2002년에 인간관계 연구소라는 자신의 센터를 세웠다. 그는 자신의 저서와 연구소, 전국에서 열리는 워크숍을 통해 남녀들이 시대에 뒤떨어진 생각에서 벗어나 진정한 교감과 만족을 찾도록 돕고 있다.

상식적인 접근법을 강조하는 그의 활동은 남녀 모두를 대상으로 한다. 그리고 남자들의 문제와 부부 치료에 관한 그의 생각은 〈투데이 쇼〉, 〈20/20〉, 〈오프라 윈프리 쇼〉, 〈뉴욕타임스〉 등에서 칭송을 받았다.

테렌스 리얼은 관계 문제 치료사인 아내 벨린다 버만과 두 아들과 함께 매사추세츠 주 뉴턴에서 살고 있다.

수잔 셀리거(Susan Seliger)

수잔 셀리거는 수상 작가이자 잡지 편집자, 편집 및 마케팅 컨설턴트로, 《스트레스를 역이용하는 법》의 저자이다. 이 건강 서적의 일부는 현재 미국, 아일랜드의 벨파스트에 있는 여섯 개 과학박물관에서 '당신의 진짜 나이는?' 이라는 참여 전시물로 전시되어 있다.

〈굿 하우스키핑〉과 〈워킹맘 매거진〉의 전 부편집장이며 〈허스트〉 잡지 개발부 부편집장, 타임 사 잡지 개발부 고문 편집자인 셀리거는 미국 내 몇몇 웹사이트 개설에도 참여했으며, 그녀의 기사는 〈뉴욕 매거진〉, 〈패밀리 서클〉, 〈레드북〉, 〈여행과 레저〉, 〈USA 투데이〉, 〈이코노미스트〉, 〈워싱턴 포스트〉, 〈시카고 트리뷴〉, 〈마이애미 헤럴드〉와 같은 저명 일간지 및 잡지에 실렸다.

이 책에서 릴로와 제라드 리즈 커플은 이혼율이 50%를 넘나드는 사회적 환경에서도 어떻게 결혼생활을 슬기롭게 가꾸어가고 있는지를 보여준다. 이러한 특별한 관계를 지속적으로 참신하게 유지할 수 있게 해주는 것은 그들 스스로가 무미건조하거나 구태의연한 방식을 취하지 않고, 결혼생활 그대로를 손상시키지 않으려고 노력하는데 있다.

57년이라는 긴 생활을 행복하게 보내온 이들 부부가 21세기의 새로운 커플들에게 중요하고도 적절한 메시지를 전달해 준다. 이 책은 행복한 결혼을 위한 핵심적 요소들을 손쉽게 따라할 수 있도록 10가지로 구분하여 놓았다. 각각의 주제들을 살펴보면 올바른 배우자 되는 법, 효과적인 데이트 방법, 늘어나는 가족과 어울리는 법, 여섯 가지 관심사—협상 불가능한 주요 논점들; 종교, 돈(금전), 섹스, 자녀, 여가시간, 행동—등을 포함하고 있다.

독자 여러분이 진정으로 행복한 결혼생활을 염원한다면 이 책에 제시한 지침을 행동으로 보여주길 진정으로 바란다.

부부끼리 대화할 때
서로에게 상처를 주지 않는 법

심리학자 하임 기노트에 의하면 " 당신은' 이 아니라 '나는' 이란 말로 시작하라."는 말의 의미는 '나'로 시작하는 말은 '당신'으로 시작하는 말보다 상대방을 비판하거나, 상대방에게 자기변명으로 일관하는 요소가 비교적 적다고 한다. 이를 달리 표현하면 결혼은 적어도 상대방에 대한 존중과 배려가 바탕이 되어야 한다는 뜻이다.

따라서 하임 기노트는 대화를 시도할 때 가능한 한 '나는 이렇게 생각해요'라는 식으로 이야기하라고 충고한다. 심리상담 전문가나 커플매니저들은 부부간의 가장 심각한 문제는 의사소통의 문제에서 출발한다고 지적하고 있다.

서로의 인격을 존중하는 것에서 출발할 때 비로소 상대방도 인격적으로 대우한다는 사실을 명심하도록 하자.

이혼율 세계 1위의 불명예를 벗어버리자

최근 우리나라는 이혼율이 급증하여 수많은 사회문제를 유발하고 있다고 한다. 겉으로 드러난 수뇐 원인은 성격 차이, 배우자의 부정, 경제적 갈등, 섹스 트러블 등에서 찾아볼 수 있겠으나 이보다 더 근본적인 이유는 사회발전에 따르는 가부장적인 사회제도에 대한 불만이 작용함으로써 경제적 독립, 여권 신장, 전통적인 가치관(윤리의식)의 약화, 자녀양육에 대한 견해 차이 등에 기인한다고 볼 수 있다.

따라서 무엇보다 서로 간의 신뢰가 전제되지 않는 한 근본적인 해결책을 찾기 힘들 것이다. 이미 널리 알려진 것처럼 경제협력개발기구(OECD) 국가 중 한국의 이혼율(1위)이 가장 높다. 2010년 통계에 따르면, 황혼이혼은 급속히 증가해서 전체 이혼 중 27.3%를 차지해 결혼 4년 이내 신혼이혼(25%)을 처음으로 앞질렀다고 한다.

이혼율이 증가한다는 것은 우리 사회가 얼마나 건강하지 못한가를 반증하는 지표로 인식하여야 한다. 사회의 가장 중요한 구성단위인 가정이 파괴됨에 따라 그에 따른 파급효과는 이혼 당사자에게만 국한되는 것이 아니라 이혼 가정에서 생겨나는 자녀의 탈선과 비인격적인 성장, 그에 따른 각종 사회문제들이 따라오게 마련이다. 더 큰 문제는 그러한 역기능이 세대를 이어가면서 되풀이 된다는 점이다. 그런 환경에서 자란 자녀들은 어떻게 아버지, 어머니의 역할을 할 줄 모르기 때문에 나중에 결혼해서 자연히 정상적인 가정에서 자란 사람들보다 이혼할 가능성이 높을 수밖에 없다. 이혼은 부모세대에서만 끝나는 게 아니라 다음 세대에서 반복될 수밖에 없으므로 이에 대한 경각심을 되새기는 기회로 삼아야 할 것이다.

2011년 8월

커플매니저 이종석